〔德国〕弗兰克·巴约尔　著
Frank Bajohr

纳粹德国的腐败与反腐

陆大鹏　译

译林出版社

图书在版编目（CIP）数据

纳粹德国的腐败与反腐/（德）巴约尔著，陆大鹏译．—南京：译林出版社，2015.7（2024.5重印）

ISBN 978-7-5447-5475-0

Ⅰ.①纳… Ⅱ.①巴… ②陆… Ⅲ.①德意志第三帝国 - 史料 Ⅳ.①K516.44

中国版本图书馆 CIP 数据核字（2015）第 103604 号

Originally published as: “Parvenüs und Profiteure: Korruption in der NS-Zeit”

著作权合同登记号　图字：10-2018-518 号

纳粹德国的腐败与反腐 ［德国］弗兰克·巴约尔 ／ 著　陆大鹏 ／ 译

责任编辑　王瑞琪
责任印制　董　虎

原文出版　S. Fischer Verlag, 2001
出版发行　译林出版社
地　　址　南京市湖南路 1 号 A 楼
邮　　箱　yilin@yilin.com
网　　址　www.yilin.com
市场热线　025-86633278
排　　版　南京展望文化发展有限公司
印　　刷　江苏苏中印刷有限公司
开　　本　652 毫米 × 960 毫米　1/16
印　　张　14.5
插　　页　1
版　　次　2015 年 7 月第 1 版
印　　次　2024 年 5 月第 18 次印刷
书　　号　ISBN 978-7-5447-5475-0
定　　价　48.00 元

极权体制下的纳粹腐败和反腐

徐　贲

英国历史学家理查德·格伦伯格在《十二年帝国：纳粹德国的社会史，1933—1945》一书中写道："腐败实际上是第三帝国的组织原则。但是大多数德国公民们却不仅忽视了这个事实，而且还确实把新政权的人物当作是在严格地奉行道德廉洁。"纳粹是以严厉抨击和反对魏玛共和国腐败来获得道德号召力的，它"把民主即腐败的信念植入了德国人的集体意识之中"，但是，与纳粹自己的腐败相比，"魏玛时期的那些丑闻不过是政体的小小污点而已"。[①] 德国历史学家弗兰克·巴约尔的《纳粹德国的腐败与反腐》（2001年2月在德国被评为最佳图书，下简称《纳粹的腐败》）为我们充分了解纳粹的腐败提供了翔实的历史资料和深中肯綮的政治分析。

巴约尔在《纳粹的腐败》一书中通过揭示"政治上的恩主—门客结构"即"希特勒体制"来透视纳粹党国多样化的腐败。这个结构的顶端就是希特勒，它"将身边的人的道德败坏作为犬儒主义统治手段的基础"。巴约尔强调："'希特勒体制'并非凌驾于数量众

① Richard Grunberger, *The 12-Year Reich: A Social History of Nazi Germany 1933-1945*. NewYork: Holt, Rinehart and Winston, 1971, p. 90.

多的恩主—门客结构之上，而是与其在同一个层面上共存，这些结构在纳粹体制中是横向发展的。在这方面最突出的是各省的‘诸侯’们，他们一般都控制着完善的小金库和基金会的系统，这系统既不受纳粹党总财务官的监管，也不受国家的中央权力的控制。虽然希特勒的权力足够强大，地位足够巩固，能够约束住腐败的封疆大吏们，但是元首在面对腐败问题时却非常冷漠（这很能说明问题），即便是罪恶滔天的封臣也能保住自己的位子。”不经自由民主选举的专制提拔制度必然产生这样的恩主—门客政治权力结构。这是一个复杂的权力与利益结合的网络，使得它的任何反腐努力只能取得暂时的效果。腐败越藏越深，就连有的反腐办案人员也涉入腐败，如格伦伯格所说，第三帝国腐败的特征是越埋越深的腐败和越反越腐。①

纳粹的“恩主—门客结构”是当代政治性腐败和反腐研究所重视的“主管—代理困境”（principal-agent dilemma）的一个特例。“主管—代理困境”解释模式被用来解释不同形态的腐败，用它来分析极权体制下的腐败和反腐是同样有效的。

“主管—代理困境”是美国政治学家爱德华·班菲尔德在《政府组织中的腐败特征》一文中首先提出来的，后经其他研究者的调整或扩充，成为分析腐败和反腐的一个常用模式。② 这个分析模式被用于多种不同的主管—代理关系，如公司经理（代理）与股份持有人（主管）、非民主制度中的任命官员（代理）与高层统治者（主

① Richard Grunberger, *The 12-Year Reich,* p. 94.

② Edward C. Banfield, “Corruption as a Feature of Governmental Organization.” *Journal of Law and Economics* 18 (December 1975): 587—605.

管)、民主制度中的当选官员(代理)与选民(主管)等等。相比起分析民主制度中的腐败来,“主管—代理困境”更有助于揭示极权腐败(包括它“腐败的反腐”)的实质。这是因为,在极权体制中,谁是“主管”,谁是“代理”,以及一级一级以任命和党内任人唯亲来形成的主管—代理关系,要比在民主制度中清楚得多。它也起着在民主制度中不可能的党国全方位统治制度构建作用。

“主管—代理困境”是一种从利益和功利关系来分析腐败和反腐的方式。美国经济学家和政治学者罗伯特·克里加德在《遏制腐败》一书中指出,主管—代理模式并不是严格意义上的“理论”,而“只是一种启发式的分析,……它的目的不是结合历史、文化和宗教的因素,得出为什么有的社会比其他社会更腐败的结论。不过它确实提出了一些有用的假设,用以说明造成腐败行为的条件。更重要的是……它还能提示有哪些方式可以用来遏制腐败”。[①] 遏制腐败的方式包括民主政治、公平竞争、公正选举、信息透明、分权监督等等。纳粹统治的极权专制是不可能采用这些方式来反腐的。因此,正如理查德·格伦伯格和弗兰克·巴约尔都指出的那样,虽然纳粹经常反腐,它的反腐既打老虎又打苍蝇,有的还相当严厉,但注定要归于无效。

用主管—代理困境来分析腐败,是基于这样一个基本的人性考量:“代理如果觉得腐败对自己利大于弊,他就会腐败。”[②] 腐败是一种个人对利害权衡的结果。一个官员有腐败(受贿)或不腐败的选

① Robert Klitgaard, *Controlling Corruption*. Berkeley, CA: University of California Press, 1988, p. x.

② Robert Klitgaard, *Controlling Corruption*, p. 69.

择。如果不腐败,他能得到一份回报(工资收入和待遇),他还能享有清廉的道德满足。如果腐败,他可以从受贿和贪污中捞到油水(油水当然有大有小),但也冒着因贪腐败露而受惩处或丢官的风险。而且,他还得为贪腐付出道德恶名的代价。

克里加德指出,贪腐者愿意冒什么风险或付出什么道德代价,取决于他的道德和良心标准,也取决于"他的同伴或同事是怎么做的……他如果身处于腐败文化之中,又不择手段,那么,腐败的道德代价对他来说可以接近于零"。[①] 也就是说,他根本不会在乎什么恶名不恶名。腐败的官员往往把贪腐败露和被惩处当作最大的危险和代价,惩处可能包括丢掉薪俸或工作、名誉扫地等等。决定一个官员不贪腐的经常不是道德觉悟,而是"得不偿失"的利益考量,这是"代理"对腐败问题的基本思考方式。

然而,"主管"一方对待腐败则另有其他考量因素。首先,主管必须尽可能真实地了解代理究竟是在尽力为自己办事,还是在暗中谋取私利。代理谋取私利有时会给主管带来"负外部效应"(negative externalities),使主管的利益"受损"。严重的受损会令主管威信扫地、损失进项、无法进行优胜劣汰的选拔,乃至丧失政权(亡党亡国)等等。克里加德指出:"如果在现实生活里存在腐败,那么主管便无法断定代理所做的事情有多少是为他在尽力。要更好地弄清楚代理到底在干什么,主管需要付出相当的代价。"[②]

这就有了主管—代理困境的第二个问题:他们双方所掌握的情

① Robert Klitgaard, *Controlling Corruption*, p. 69.

② Robert Klitgaard, *Controlling Corruption*, p. 70.

况信息是不对等的。主管不能相信代理所说的话，因为代理会谋取私利而误导或隐瞒主管。越是能力强的代理就越是有可能这么做，巨贪的官员经常是一些能吏。主管很清楚这一点，所以他在任用代理时必须不断在要求“诚实”一些和要求“能干”一些之间进行权衡。主管有自己的权力利益，为了稳固权力，他需要反腐。但是，他真正在意的并不是官员的道德纯洁，而是保证他自己的统治利益。克里加德指出，只要官员腐败不直接有损于主管的统治权力利益，主管所做的无非只是根据具体形势需要，调整“最佳代理办事行为和最合适程度腐败行为”之间的孰轻孰重。[①]在腐败问题上，希特勒和他的“封臣”们之间的主管—代理困境是很明显的。希特勒需要那些封臣们，因此可以容忍他们的“适度”腐败，这是他在最佳代理办事行为和最合适程度腐败行为之间所做的政治利益选择。

纳粹德国的最高主管是希特勒和他代表的“党国”，这在民主国家里是不可想象的。纳粹国家的各级干部，上至政要，下至一般的官员都是“党国”一层一层的代理，形成一个党员优先甚至党员独占的任人唯亲、利益均沾的官僚体系。巴约尔指出：“这种人治的统治关系特别能够滋生裙带关系和腐败现象。在党内，谁忠于自己所在的小集体，谁就能得到资助和救济，从而对主子感恩戴德，于是纳粹党的政治领导人不得不向下属分配工作岗位和职位。”希特勒就利用特别基金来建立自己广泛的私人圈子，给亲信们提供馈赠、资助和赠礼，“这位独裁者如此行事，经费来源五花八门。……就像他的律师吕迪格·冯·德·戈尔茨伯爵向财政部门解释的那样，‘众

---

① Robert Klitgaard, *Controlling Corruption*, p. 73.

所周知,元首、党和国家是一回事'"。

希特勒馈赠礼物的对象包括高层的党政军人士,还有科学家、作家和艺术家,既是赤裸裸的政治算计,也是笼络和控制各种对他有用之人的贿赂手段。希特勒不仅明白人的贪欲本能,而且善于利用这种本能,"主义"、"理想"不过是他掩人耳目的幌子。巴约尔对此写道:"社会学家特奥多尔·盖格尔早在1932年就指出,在纳粹党人的'理想主义'宣传的光辉外表背后,藏匿着一种没有理想的理想主义,并没有把物质上的贪婪掩饰好。纳粹党人的基本态度是'绝非理想主义的',而是'极端的经济和物质主义的':'他们没有克服经济的、物质主义的心态,而是遮蔽着自己的物质主义。'"

《纳粹的腐败》关注的不是一般的腐败,而是特殊的极权制度性腐败。腐败有多种表现形式,"如以权谋私、行贿受贿、结党营私、任人唯亲、挪用公款和公私不分等,在民主国家也同样泛滥,只是程度多寡不同"。但是,在民主国家里,媒体可以揭露这些腐败,政治竞争对手之间可以用腐败来攻击对方,民众可以公开、自由地批评官员或政府的腐败。这些在纳粹的极权制度下是不可能的。

巴约尔指出,在纳粹德国,"甚至当时的人们就已经深切地认识到了腐败的问题,尽管(或者说,恰恰是因为)在第三帝国受到政府宣传引导的公众中,腐败是个禁忌话题"。谁要是触犯了这个禁忌,谁就是恶意造谣和抹黑污蔑。纳粹不允许公众在媒体上自由议论腐败,是因为这种议论被视为有损于党和政府威信,破坏稳定,因此必须严加控制。纳粹德国的腐败之所以特殊,不仅在于它的种种以权谋私、行贿受贿、结党营私、任人唯亲,而且还在于它实质上是受到专制制度保护的。在这样的制度中反腐，除了统治集团自上而下的限制政策，不存在任何来自其他政党、组织、媒体或民众的监督。大大小小的以权谋私、行贿受贿、结党营私、任人唯亲、挪用公款和公私不分都不只是经济腐败，而且也是政治腐败。

早在纳粹取得政权之前，它就利用魏玛时期的一些腐败案件来攻击民主制度。纳粹把腐败描绘成与民主自由化共生的痼疾。巴约尔指出："这些丑闻能够爆发出来并被公众广泛讨论，恰恰说明当时有一个积极参与政治的健全的公众团体能够不受阻挠地针砭时弊——这与帝国时期和纳粹统治时期迥然不同。"纳粹的一个惯用伎俩就是混淆各种不同的腐败，把经济性腐败和文化、道德的自由化倾向或腐败混为一谈，然后又统统归咎于政治民主。魏玛是德国政治比较民主的时期，也是一个各种新思潮、文艺流派和时尚、道德新观念十分兴盛的时期，泥沙俱下在所难免。例如，当时的柏林文化就以颓废而著称，娼妓和犯罪活动随之增加，柏林更成为欧洲的毒品交易中心。传统的德国公众对此深恶痛绝，纳粹利用了公众的这种情绪，把反对魏玛腐败作为自己在政治上得分的道德号召手段。

纳粹取得政权之后也一直想要保持正派、高效、反腐的清新面目和道德形象。然而，正如格伦伯格所指出的，纳粹的反腐是有上下层区分的，"越小的腐败反而处罚越重。小官僚们那些暴露在公众眼前的失职行为频频受到惩罚，用以杀鸡儆猴，而大区或国家级官员的犯罪行为却基本上都没有受到惩罚"。[①] 巴约尔以翔实的例

① Richard Grunberger, *The 12-Year Reich*, p. 91.

子说明了纳粹德国反腐的这一特征，他进一步指出："是否要遵循现存的正常法规，首先取决于一些机缘的因素，比如：涉案贪官的权力地位如何，他背后是否有一个纳粹党的小圈子作为靠山，他对体制是否'有用'，或者假如造成了公开的丑闻，对党群关系会造成怎样的影响。"反腐是有条件的，必须以不损害主管（靠山、党国）的利益为前提。主管经常很清楚代理的腐败行为，但是，他需要不断在代理的"清廉"和"有用"之间进行权衡。主管为了稳固自己权力，需要有靠得住的、能干的"自己人"。他不会一味姑息代理的腐败，但是，他真正在意的并不是下属的道德操守，而是自己的权力利益。

造成纳粹德国"主管—代理困境"的另一个重要原因是，"党内各个派系互相依存又互相竞争，再加上专制的'元首政党'内的同志情谊，给纳粹党造就了一种隐蔽的次级结构，它往往比正式的等级制或者组织从属关系更能够决定'显贵'们之间的私交和关系"。纳粹"运动"从一开始就是在"党内各个派系相互依存又相互竞争"中发展壮大起来的。"革命"成功后形成了一个"利益均沾"的总体政治分红"供养"体制，而这个体制又需要在不同利益集团之间进行划分、平衡和协调。

利益均沾的供养制度主要体现为纳粹内部不同级别不同待遇。什么级别可以享受何种"待遇"是不容违反的权力等级制度规则。它有助于刺激官僚们的"进取心"和提升他们的效忠热忱。巴约尔指出："那些并非通过选举获得合法权力的人的地位在 1933 年之后主要取决于他支配物质资源的权力，以及对追随者们的物质上的供养。"纳粹高级干部所享受的待遇，如高级住所、特别服务和供应、高经济收入和免费待遇，都是他们的正当“工作需要”，因此不仅需要“保密”，而且就算再过分也不能算作腐败。巴约尔用大量的具体材料表明，比起下层官员“侵吞党费和捐款”，纳粹的高层官员和精英阶层“滥用职权和各种特权，维持着骄奢淫逸的生活”，不仅拥有特殊享受，而且更是以此“突出自己在纳粹统治集团中的地位”，这才是更大的腐败。这是极权制度下典型的政治腐败，“它不是若干个人的滥用职权，而是一种有组织的滥用权力；它并非促进个人私利，而是有助于体制的功能稳定”。纳粹统治本身为官僚体制提供种种额外的好处和油水，这是一种由制度来合法化了的腐败。

纳粹意识形态（雅利安化）和假借意识形态正当性之名所进行的抢劫和掠夺（以犹太人和占领区为主要对象），使纳粹的腐败扩展为普通德国人的腐败。纳粹利用对国民的反犹仇恨宣传，把雅利安人说成是被犹太人盘剥压榨的“苦大仇深”的受害人，因此，大规模抢夺犹太人的“不义之财”便成了正义的事业。仇恨宣传“让人没了道德上的顾虑，再加上政治权力给了人自信，于是很多纳粹活跃分子早在 1933 年 2 月就开始‘寻找战利品’。在汉堡，冲锋队员们借助伪造的搜查令劫掠犹太人房屋内的首饰和金钱，殴打犹太社区的代表人，专横跋扈地要求这些代表人交出保险箱钥匙”。这种打劫越演越烈，直至将犹太人送进死亡集中营。奥斯维辛集中营的犹太囚犯流传这样一个黑色笑话：“他们拿回家许多黄金和值钱的物品，从来都不清点数目——反正是飞来的横财。”德国人从打劫犹太人直接或间接得到好处，这本身就是一种腐败。这种腐败“鼓动更多人加入到‘雅利安化’、大屠杀和剥削占领区的活动中。虽然德国群众对腐败发出了大规模的口诛笔伐，但德国社会的确是通过腐败获得了很多好处”。因此，纳粹统治不仅是自上而下的独裁政权，而且是“一种有着德国社会以各种方式广泛参与的社会行为……腐败将纳粹统治和德国社会紧密交织起来，很多‘正常的德国人’也通过中饱私囊参与到了纳粹的压迫和灭绝政策中来”。

极权统治对国民的良心道德有极大的腐蚀和破坏作用。格伦伯格在《十二年帝国》中写道：“国家权力的压迫和对党的霸道的恐惧给(德国人的)集体良心造成禁忌，迫使他们不敢违背这些禁忌。”由于严酷禁忌的存在和对禁忌的无可奈何，人不仅会感到恐惧，还感到绝望。因此，许多恐惧而又绝望的德国人对纳粹的各种恶行采取犬儒主义、漠然处之的态度。更为病态的是，许多德国人由于“本来就不喜欢第三帝国的一些敌人(如犹太人)”，所以，当纳粹加害于这些“敌人”的时候，他们在感情和情绪上反倒是站在加害者一边。尽管纳粹迫害犹太人使用了民众看不惯的手段，但许多人看到自己不喜欢的犹太人倒霉受罪，还是觉得暗暗高兴、幸灾乐祸。[①]巴约尔更进一步指出，由于德国人的集体道德沦丧，许多德国人对官员腐败不满本是出于嫉妒心而不是道义原则，他们“批评的并不是提携施恩这种体制本身，而仅仅是抱怨为什么自己没受到照顾”。

严重的腐败会动摇和颠覆任何一个政权的合法性和正当性，对于极权专制的纳粹德国来说尤其如此。与其他国家的反腐一样，纳粹也为反腐提出了两种不同的理由，一个是功利的(腐败有损于党国的利益)，另一个是精神的和道德的(腐败使人丧失信仰)。纳粹

① Richard Grunberger, *The 12-Year Reich*, p. 91.

反腐，是因为腐败会从三个方面损害它的政权。第一是使官员举拔陷入优汰劣胜的反淘汰怪圈，产生大量贪婪而平庸无能的官僚。第二是使国家财政受到损失。第三是降低了经济体系的效率。

纳粹的反腐带有明显的政治考量，被调查者如果有"结党营私"或"非组织关系联系"，罪名会比经济上的贪腐更为严重。希姆莱曾批评党卫军和警察法庭对一些腐败犯案人员的判决"过于宽大"。巴约尔指出："事实上，现存的附有判决结果的案件概览资料表明，与集中营囚犯、波兰人和犹太人建立私人关系而受到的处罚要比侵吞这些人的财产而受到的处罚严重得多。"

纳粹德国的反腐是在本身不受权力制衡和监督的"主管—代理"关系中进行的。这种关系是纳粹政权的恩主—门客体制的必然产物。它以稳固统治权力为最高和最终利益，它的反腐是有条件的——必须在反腐对统治者的利益有帮助和有效用的情况下，才会有一定限度的反腐，不管它嘴上怎么说，它永远都不可能是"零容忍"的。

目　　录

引　言

腐败是人类生活的基本常态，自古有之，无孔不入，与政治体制无关。无论是在古典时期还是近代，无论是在独裁制还是民主制国家，腐败素来屡见不鲜，今天依然如此。政治腐败的一般定义是：滥用公职权力，以谋取私利。政治腐败并非仅仅出现在民主制之前的、传统的、独裁专制的政治体制中。它的各种表现形式，如以权谋私、行贿受贿、结党营私、任人唯亲、挪用公款和公私不分等，在民主国家也同样泛滥，只是程度多寡不同。因此，史学家雅各布·范克拉韦伦将腐败划归为"正常情况"，而清正廉洁的统治却是需要解释的"特殊情况"。

但是，有大量证据表明，在第三帝国，政治腐败不仅达到了令人咋舌的程度，而且纳粹政治体制也是特别能够滋生腐败的温床。甚至当时的人们就已经深切地认识到了腐败的问题，尽管（或者说，恰恰是因为）在第三帝国受到政府宣传引导的公众中，腐败是个禁忌话题。1936 年，社会民主党流亡理事会的记者称："在民众当中，猖獗的腐败是众口相传的谈资。""这个国家破坏了自己的一块基石：它腐蚀了自己的公职人员。"德国犹太公民中央委员会的法律顾问汉斯·赖希曼在1939年做出了这样的评论。“统治阶级的腐败的程度之深、规模之大，找不出第二个例子。”年轻的政论家塞巴斯蒂安·哈夫纳在1940年写道。

第二次世界大战结束后不久，人们对纳粹统治时期的腐败仍然记忆犹新。1946年3月，自由汉萨城市汉堡的市民们组建了一个专门委员会来“调查纳粹腐败案件”，以便满足“汉堡市民的急切呼吁”。欧根·科贡描绘“党卫军国家”的著作于1946年问世，在该书中有专门一章研究集中营里的腐败现象。1948年，前科尼斯堡市议员保罗·沃尔夫提交了一份关于纳粹党东普鲁士省部腐败问题的详细报告。1948/1949年，社会学家利奥·梅内在科隆的《社会学期刊》第一期上发表了一篇关于腐败的文章，对第三帝国的腐败现象作了详尽分析，称其为“奥革阿斯的牛圈”①。

然而，迄今为止，当代史研究界对纳粹统治下的腐败还没有做过系统的研究，尽管有一些史学家，如汉斯·蒙森，很早就指出了该问题对研究纳粹国家的统治手段与结构的重大意义。除了少数例子之外，总的来讲，德国几乎还不曾有过经验主义的、以腐败为主题的当代史研究。20世纪80年代初，从所谓弗利克事件②开始，出现

① 奥革阿斯是希腊神话中的埃利斯国王，太阳神赫利俄斯之子，拥有大批牲畜。欧律斯透斯要求赫拉克勒斯完成的十二项功绩之一就是在一天之内清理奥革阿斯的牲口圈，奥革阿斯也答应将他牲畜的十分之一作为报酬送给赫拉克勒斯。赫拉克勒斯挖掘沟渠，将阿尔普斯河和佩纽斯河（一说是两者之一）的河水引来，冲洗牲口圈，完成了任务。奥革阿斯反悔，拒绝给赫拉克勒斯牲畜，于是赫拉克勒斯杀死了奥革阿斯及其儿子们。因传说奥革阿斯的牛圈三十年从未打扫，污秽不堪，所以在西方常以“奥革阿斯的牛圈”来形容“最肮脏的地方或者积累成堆的难以解决的问题”（本书脚注均为译者所注）。

② 弗利克事件是20世纪80年代联邦德国的重大政治丑闻。弗利克公司向各个政党秘密献金，企图“改变德国的政治面貌”。当时的经济部长奥托·兰布斯多夫被指控收受弗利克公司的贿赂，引咎辞职。

了一大批关于腐败的报道和著作。但它们几乎全部都仅限于对联邦德国当前的腐败现象进行讨论,而且总体而言不涉及历史。德国的当代史研究似乎满足于特奥多尔·埃申堡的名言,“由于德国公职人员的优良传统……腐败在德国是相当罕见的现象”,或者按照沃尔夫冈·舒勒的说法,在德国历史中,“腐败及类似现象发生得不像别国那么多,程度也没有那么严重”。

即便我们不看纳粹统治时期的腐败实例,也有其他时期的例证足以让我们对这些大言不惭的说法产生怀疑。比如魏玛共和国就发生了巴马特案①、斯科拉雷克案②和库斯提克案③等臭名远扬的腐败丑闻。当代史研究界特别强调,当时的政治右翼利用这些腐败案件来大做文章,目的是攻击民主制度。但这些腐败案件有多大的代表性?这个问题至今没有得到很好的解答。对魏玛共和国腐败现象的抨击难道仅仅是共和国的敌人要弄的阴谋诡计,是没有事实依据的狂妄宣传?或者1918/1919年的政权更迭的确导致了腐败案件的猛增?这些腐败案件是“贪官污吏共和国”的标志?或者,这些丑闻能够爆发出来并被公众广泛讨论,恰恰说明当时有一个积极参与政治的健全的公众团体能够不受阻挠地针砭时弊——这与帝国时期和纳粹统治时期迥然不同?

考虑到还有众多问题留待解决,我们还没有办法在德国当代史

① 巴马特案是1924至1925年在魏玛共和国爆发的政治丑闻。犹太商人尤利乌斯·巴马特通过贿赂等手段操纵德国社会民主党政府的很多高官以及商界人士,最后被揭露。德国的右派,包括当时年轻的纳粹党,都借此大做文章,指控腐朽的魏玛共和国政府与犹太人勾结。

② 斯科拉雷克案是1929年在魏玛共和国发生的丑闻。斯科拉雷克三兄弟是柏林的服装商人,他们的假账案件东窗事发后牵扯进了很多官员。很多政党,包括共产党组织,都收受过他们的政治贿赂。

③ 库斯提克是魏玛共和国时期的犹太商人,他与政府官员结党营私,是当时影响很恶劣的丑闻。

的纵剖面上,对腐败问题做比较的、跨政治体制的分析。因此,本书特别注意的不是那些在所有的政治体制中都属于“常态”的现象,比如官员在分配公共资源和政府采购时受贿。本书主要的研究对象是第三帝国特有的腐败现象,这些现象要归因于 1933 年之后国家和社会发生的结构性变化,因此不具有延续性,而是对纳粹统治结构和政策 (包括灭绝政策) 而言的典型现象。

最近几年,纳粹腐败现象的一些方面越来越进入了史学界的视野,这为本书的研究提供了有利的先决条件。这些方面包括:纳粹党统治早期对腐败行为的利用;纳粹体制中,监管机构 (比如帝国审计总署) 迅速地丧失了权力;权贵们富丽堂皇的自我包装;希特勒向军事精英阶层成员的馈赠;“雅利安化”框架下的腐败和裙带关系;战争期间纳粹党领导人在“食品供应”上享受的特权;或者是被德国占领的地区 (尤其是东欧) 的腐败。

纳粹统治下的政治腐败的一大特点是惊人的多样化,远远不仅限于腐败的经典定义——滥用公职权力,以谋取私利。纳粹党人虽然在官方场合谴责腐败行为,但在其实际行动中干的却是另外一套,这决定性地促进了纳粹腐败的多样性的形成。如果我们把当权者对腐败的态度作为标尺,就可以发现,纳粹的腐败有三种基本形式:

首先是国家和纳粹党官方促进和实施的腐败行为,它不是若干个人的滥用职权,而是一种有组织的滥用权力;它并非促进个人私利,而是有助于体制的功能稳定。这种**体制化的腐败**包括:劳工部门采取所谓“特别行动”,有组织地对纳粹党员,尤其是“老战士”

们,进行特别的优待照顾,赋予其某些特权;或者希特勒向军事、政治、科学或文化界精英人物的馈赠。

其次是**受到容忍的腐败**。第三帝国的反腐机制存在一些机构上的缺陷,导致某些腐败行为特别猖獗,当局无奈之下 (或者有意识地) 只得对这些腐败行为进行容忍。这种腐败行为包括:黑市交易,尤其是在占领区;由于特别基金、小金库和秘密基金的存在,国家财政受到了潜滋暗长的侵蚀和瓦解,这种腐败手段主要是纳粹党的各个省部书记们采用的,他们凌驾于权力和财政监管机制之上。

最后,纳粹统治下也开展了反腐斗争,即遵循某些规则和手段,根据当前的基本状况,对腐败行为进行刑事处罚。这种**遭到打击的腐败**五花八门,给纳粹党及其组织造成了沉重负担,比如非常猖獗的侵吞党费和捐款的行为。

当然,**体制化的腐败、受到容忍的腐败和遭到打击的腐败**这三者间的界线并不是一成不变的,而是具有流动性,总是非常模糊、难以界定。那些没有强大的政治靠山的政府官员和公职人员往往仅仅因为微小的过失 (比如"缺乏捐款的积极性"或者"亲犹太人行为") 就遭到纪律审查,甚至受到刑事处罚。但对于纳粹党官员来说,除非他们在自己的靠山和保护人眼中失去了利用价值,或者卷入了体制内部的权力斗争,一般不必害怕自己的腐败行为受到检举控诉。随着时间流逝,有些腐败违法行为,比如黑市交易,既受到官方的推动,也受到容忍,有时也受到打击。

对于逐渐摈弃了传统的义务和责任的纳粹体制来说,这种政策界线流动不定的现象是非常典型的。在第三帝国的反腐斗争中，是否要遵循现存的正常法规，首先取决于一些机缘的因素，比如：涉案贪官的权力地位如何，他背后是否有一个纳粹党的小圈子作为靠山，他对体制是否“有用”，或者假如造成了公开的丑闻，对纳粹党和群众的关系会造成怎样的影响。

本书将对第三帝国腐败现象的多样性进行记述，同时在纳粹统治系统的语境下对其进行分析。这种记述型的分析一方面要避免“丑闻录”风格的肤浅的道德说教，另一方面也要避开机能主义的简单化，即几乎不带任何价值评判，而只是将腐败阐释为社会交换的一种形式，最感兴趣的只是腐败行为在政治、社会和经济上的成本和益处。假如我们采取第二种视角，忽略腐败概念的道德意义，而是在纳粹的剥削和灭绝政策的框架内考量腐败给政策的效率造成了何种影响，那就太离谱了。

纳粹统治中滋生腐败的重要因素在1933年之前很久就已经体现在了纳粹“运动”中。党内各个派系互相依存又互相竞争，再加上专制的“元首政党”内的同志情谊，给纳粹党造就了一种隐蔽的次级结构，它往往比正式的等级制或者组织从属关系更能够决定“显贵”们之间的私交和关系。在纳粹“运动”中，那些并非通过选举获得合法权力的人的地位在1933年之后主要取决于他支配物质资源的权力，以及对追随者们的物质上的供养。一方面是这种朋党之交，另一方面是纳粹为宣传目的而自我构建的魏玛“体制”受害者的形象（纳粹党是一个有组织地自怜自爱的政党），在1933年之后促成了德国历史上前所未有的有组织的任人唯亲现象。本书的第一章将对此种任人唯亲现象的体制原因及规模进行深入分析。这种现象还有着深远的金融政治方面的后果,因为它导致国家财政结构逐渐瓦解,同时特别基金和秘密小金库却越来越猖獗。

第二章主要讨论第三帝国腐败的核心领域。腐败对纳粹党及其各级组织机构造成了严重损害。侵吞党费和捐款的现象如此猖獗,纳粹党总财务官不得不在每个工作日平均向普通法庭提起五项刑事诉讼。除了这种"下层"的腐败之外,纳粹的精英阶层也非常腐化堕落,通过滥用职权和各种特权,维持着骄奢淫逸的生活,这主要是为了突出自己在纳粹统治集团中的地位。

另一方面,第三帝国的腐败也蔓延到了那些特别受到纳粹种族主义影响的领域,被德国占领的欧洲 (尤其是东欧) 各国的日常生活和纳粹集中营系统就是明证。占领区行政机关的很多成员的"主宰种族"态度以及行政监管的缺失,导致占领区的腐败现象非常严重;而在纳粹集中营系统,集中营管理者的"绝对权力" (索夫斯基语) 也诱使他们想尽一切办法去中饱私囊。

第三章主要研究腐败与灭绝政策这个话题的一个重要方面:在迫害犹太人过程中,腐败的程度及其作用。这一章将会讨论反犹暴力框架内的个人贪腐行为的意义,以及对犹太人财产"雅利安化" (它构成了弗里德伦德尔所谓的纳粹"救赎式反犹主义"的物质基础) 的框架内的腐败。在对犹太人的大屠杀中,腐败绝非孤立的边缘现象,而是体制固有的普遍现象。腐败一方面是大屠杀的功能性成分,因为它给凶手提供利益驱动,并将他紧紧地捆缚在纳粹体制的战车上，让他不得脱身；另一方面，它却造成了需要解释的严重问题，因为它与纳粹党的观念——大屠杀应当是不带个人感情的、意识形态的斗争任务——相抵触。谋求物质利益虽然不是大屠杀的动因，而只是它的一个伴随现象，但是较为“低级”的动机（比如贪婪，它们与对欧洲犹太人的大屠杀如影随形）的范围和程度却令我们就对大屠杀的总体评估提出了问题。大屠杀绝不是机械的、官僚的、不带个人喜怒哀乐的工厂式运作。

第四章探讨了第三帝国的反腐斗争由于体制缺陷而表现出的局限性。1933 年，政治分权制度被废除，所有能够起到权力监管、打压腐败作用的分权制衡功能都被排除掉了。此外，纳粹党控制了司法权，对潜在的监管机构（比如帝国审计总署）进行了阉割，迫使后者只能起到顾问作用。私人交情和门阀统治能够保护贪腐分子不受刑事诉讼。大多数时候，体制内的权力斗争（在此框架下，对腐败的指控往往成为斗争的工具）也能导致一名腐败的纳粹官员受到审判，哪怕这种审判只是部分的和不成系统的。民众对腐败的普遍不满情绪也促使政府在战争的最后几年中示范性地惩处了一批贪腐分子，但这只是例外，而非普遍现象，也绝不是系统性的反腐斗争，因为腐败是纳粹独裁统治的一个内在的结构性问题。

最后的第五章分析了民众对腐败的态度。腐败在第三帝国的公众中成了一种私下里的“热门话题”。一方面，腐败损害了政府和民众之间的关系，尤其是在纳粹统治的初期和末期；另一方面，在 20 世纪 30 年代后半期，与纳粹政府内政外交的“辉煌成就”相比，腐败在民众心目中根本算不得什么重要问题。尤其是在战争期间，广大群众从对占领区的掠夺中分得一杯羹,或者从分配被害犹太人财产的过程中得到了好处,于是纳粹的“民族共同体”在战争岁月中至少是在一定程度上有了“强盗共同体”的特征。这自然也对民众对腐败的态度产生了影响。如果简单地把腐败的纳粹分子和清白无辜的德国大众做一个二元对立,就完全忽略了纳粹统治下腐败的表现形式的复杂性。

1

有组织的自怜自爱与提携同党

前页图: 1936 年纳粹党全国代表大会,纳粹党官员在等待希特勒。自右往左: 普鲁士总理赫尔曼・戈林、纳粹党总财务官施瓦茨、宣传部长约瑟夫・戈培尔、萨克森省部书记马丁・穆什曼与德意志劳工阵线领导人罗伯特・莱伊 (图片来源: Bundesarchiv, Bild 183-1985-1205-502 / CC-BY-SA)。

1933年后对“老战士”的“补偿”;
对党员的庇护和赞助

在1933年9月纳粹党全国代表大会上,阿道夫·希特勒向参会的冲锋队授予了新的旗帜和“冲锋旗”。在一次讲话中,他谈及了纳粹党人为了万字旗做出的所谓牺牲:“成百上千人为了这旗帜,献出了自己的生命。几万人在斗争中负伤,几十万人因此失去了职位和工作。”这种对“斗争年代”中纳粹党人受到的苦难、做出的牺牲和遭受的迫害的强调并不新鲜,是任何一个纳粹党演说家的老生常谈。早在1930年,当时的纳粹党全国组织部长格雷戈尔·施特拉塞尔就论及了其他任何一个政治运动都不曾经历过的“长达十二年的迫害和斗争”。柏林省部书记兼帝国宣传部长约瑟夫·戈培尔将纳粹党夺得政权的道路比作“牺牲的苦路”,纳粹党人在此期间做出的个人的和实质上的牺牲是“公众完全不了解的”。“副元首”鲁道夫·赫斯的讲话几乎与戈培尔如出一辙:“这些战士为了一个新的德意志而奋斗,他们在思想、精神和物质上遭受的苦难几乎完全不被公众所知。”赫斯在讲话中特别赞扬了那些“老战士”们,即“那些很早就投入到斗争中来,做出牺牲、蒙受折磨,为了让德意志在国家社会主义领导下实现伟大复兴，投入了自己的全副身心，甚至牺牲了生命的同志们”。这些说辞是在向群众暗示，在夺权的斗争中付出了如此巨大牺牲的政治运动自然占据道德高地，在1933年之后可以坦然地独掌大权。

另一方面，这种修辞上的“牺牲崇拜”还特别照顾了纳粹党活跃分子们的感情。在1935年纽伦堡的全国党代会上，希特勒的《元首宣言》明白无误地指出了这一点。希特勒在这份宣言中强调说，国家社会主义已经战胜了“犹太人的马克思主义”、“道德上腐化堕落的天主教中央党”和“愚蠢反动的资产阶级”，“尽管纳粹党人遭遇了极度恐怖的残害，成百上千人被杀害，数万人身体受伤、生活无着；反动势力对我们的战士的妻儿展开了一场野蛮的摧残，剥夺父亲的工作岗位，让他的妻小挨饿”。

在这种说法中，不仅是纳粹党对自己的牺牲的描摹达到了登峰造极的程度；值得注意的是，希特勒把他的党员同志们受到的苦难曲解为“为了国家社会主义事业”而做的政治牺牲。按照他的观点，党员的失业并不是个人命运的挫折，而是魏玛共和国的“体制”在打击国家社会主义、做出了冷酷攻击；共和国政府剥夺了纳粹党员的工作机会，就是要通过将他的妻儿扣为政治人质，从而打击纳粹党。这种观点把纳粹党人描绘为一个牺牲者的集体，同时还意在将成分复杂的纳粹“运动”整合和动员起来。这些论调给纳粹党人的恐惧和挫败感做出了一个绝妙的解释，消除了他们的自我怀疑，将他们人生中的磨难（比如遭解雇下岗），包装成英雄式的牺牲。除了口头上的大吹大擂外，纳粹党人还在葬礼、死者纪念活动等场合大搞荒诞可怕的、漫画式的牺牲崇拜。授予“血章”[①]和不计其数的荣誉称号的活动也是牺牲崇拜的一部分。

总的来讲，这种象征意义的、修辞上的对牺牲的描绘绝不仅仅是宣传的一个手段，而且与纳粹党内“老战士”的态度和自我认识非常相符，这的确令人吃惊。彼得·默克尔在最早的一批关于早期纳粹党人的心态的研究中已经指出，“老战士”们将自己密闭在一个政治的、敌对主流社会的世界里，投射出对“体制”的共同仇恨，表现出了惊人的“心理的边缘感”，其表现形式为：缺乏个人的安全感、顾影自怜、偏执狂。在魏玛共和国时期，活跃的纳粹党人的社会流动性非常惊人，大多数人都受到了挫折，这就更促进了他们的固有心态。这种“社会矛盾”也使得很多纳粹党人无法在社会中找到明确属于自己的环境，而是在一定程度上生存在“不同社会阶层的夹缝里”，就像马蒂尔德·雅明从冲锋队干部和成员的例子中指出的那样，因此特别容易受到纳粹党的团结口号的吸引。仪式化的党组织生活不仅给党员们带来了一种集体归属感，还给党的活跃分子们指明了他们的社会处境的政治意义，尤其是活跃的纳粹党人成了共和国“体制”的牺牲品，他们由于献身于纳粹“运动”，持续地遭受虐待和打击。克里斯托弗·施密特在对纳粹党“老战士”的生平所做的研究中，把这种将纳粹党人视为牺牲者的观点（正是这种观点使得纳粹党演化成了一个自怜自爱的政党）作了精妙的分析：“按照这种描述，其中一半以上的人因为是纳粹党员而在职场或工作单

---

① 血章是希特勒于1933年11月9日（啤酒馆政变十周年纪念日）向仍然在世的啤酒馆政变参与者发放的荣誉勋章，以表彰他们。后来，血章也向未参加啤酒馆政变的老资格党员和有卓越贡献的党员发放。

位受到了歧视。特别是较年轻的和年纪较大的人谈到了自己为纳粹运动所做出的‘牺牲’。讲述自己生平故事者中有约30%的人认为,自己在一生中遇到的经济危机是他们的纳粹党员身份造成的。其中一部分人讲述自己在完全充满敌意的环境中始终遭到迫害和追踪,这已经接近了疯狂的妄想。”从这些故事中也可以看出,“老战士”们已经把纳粹党官方的观点和说辞牢记于心,滚瓜烂熟。

在“斗争年代”,这种对纳粹党员遭受迫害的描述促进了“运动”中同志们的和衷共济,将党的活跃分子们拧成了一股绳;而在纳粹党夺权成功之后,这种观点更使得党员们充满了期望——简直是从世界末日中得到拯救的希望。党员们因为自己的政治活动而在共和国时期受到不公正待遇,现在纳粹党掌了权,将采取政治措施对这些党员蒙受的冤屈和苦难进行补偿,对他们精神上的投入给予物质上的奖励。这就是纳粹党的提携同党和任人唯亲政策的一个重要原因。1933年之后,纳粹党领导层就是用这种政策来满足追随者们的期望。在党的节庆日上,官员们要承诺为“老战士”提供物质上的资助。“每一个负责人都要确保,不能让任何一个老同志生活上出现困难。……供养老同志的物质条件必须筹措齐备。”鲁道夫·赫斯在一次向纳粹党各省和县书记所做的讲话中提出了这样的要求。

但是,1933年之后的提携同党和任人唯亲并非仅仅源自于纳粹党人做出的牺牲和得到的“补偿”,而是扎根于纳粹党运动的结构深层,在1933年以前很久就已经成形。由于纳粹党没有体制化的利益表达和利益平衡机制(它们是通过诸如讨论和表决等手段建立起来的)，尤其是完全缺乏党内民主和选举 (它们是统治权合法化和权力监督的重要元素)，因此纳粹党运动就变成了一个四分五裂的大杂烩，由各种派系和门阀掺杂而成，既不受到任何权力监督，也不需要向任何人负责。对一个党员的地位来说至关重要的是他与直接上级的私人交情，以及他在党内人际关系网中的地位。私交和派系组成的党的次级结构比正式的组织隶属关系和等级制更能决定党员之间的关系。

这种“人治”的统治关系特别能够滋生任人唯亲和腐败现象。在党内，谁忠于自己所在的小集体，就能得到资助和救济，从而对主子感恩戴德，于是纳粹党的政治领导人不得不向下属分配工作岗位和职位，在 1933 年之后则主要是提供物质资助，以便驾驭好自己的下属，并借此强化自己在党内的权力地位。但这绝不意味着，领导们完全一面倒地依赖于自己的下属，因为假如某个小圈子的成员对主子不够忠诚，后果会很严重。谁要是失了宠，在纳粹运动中往往就算“完蛋”了。希特勒的副官弗里茨·维德曼在给海因里希·希姆莱的一封信中用挖苦的口吻描述了这种现象：

> 要是哪个前党员或者老同志和某个领导人闹翻，就连狗都不敢吃他的面包了。这样的失意者在党和国家机关里找不到工作，私企自然也不敢雇用他们，因为它们害怕被党指责说雇用了不可靠的人。所以还不如直接给这样的人判死刑，或者让他们吃一辈子福利。

在政治上遭到放逐的后果是极其严重的,在专制的元首政党内无疑令人毛骨悚然,尽管纳粹党内有为数众多的派系在互相竞争。纳粹体制内的私人关系促使党员们在各自的小团体内部努力适应和调整。那些懂得“互相支持和保护的各个派系对自己仕途飞黄腾达的意义”的党员就能如鱼得水 。

一方面是对党员曾经遭受的所谓冤屈进行“补偿”,另一方面是纳粹党内的朋党之交,这两点在1933年后造成了一种德国历史上没有前例的有组织的任人唯亲现象。有讽刺意义的是,出现这种现象的恰恰是一贯在宣传中与所谓“魏玛的特权官僚经济”划清界限、以清正廉洁自我标榜的纳粹党。

因此,甚至早在1933年初,第三帝国的就业政策就暴露出了特别猖獗的自私利己苗头。1933年5月,普鲁士省议会内的纳粹党派别就要求其成员,努力去“安置”党号在100000以下的所有党员,即那些被称为“老近卫军”的老党员。1933年7月,“副元首”鲁道夫·赫斯在一份公文中将受照顾的群体范围扩大到了所有失业的“老党员”,即在1933年1月30日以前就加入纳粹党的人。在解释这个决定时,赫斯诉诸了纳粹党内早已形成的、与“牺牲者的团体”的自我认识相匹配的陈词滥调:“老党员”在“就业时应当得到特别优待”,因为他们在“旧体制下在很多方面遇到了严重的困难,有的人失去了工作,有的人在找工作时受到了歧视”。 赫斯还用对吃亏的老同志进行补偿和提供社会救济的幌子来掩饰在政府采购时对“老党员”的优待。这些措施是为了“对老党员在旧体制下遭受的歧视和抵制加以补偿”。

1933 年 10 月，柏林的帝国职业介绍与失业保险局对尽快“安置”纳粹党员的特别行动进行了集中管理。受到照顾的“老党员”包括党号在 100000 至 300000 之间的党员，或在纳粹党内担任“干部”一年以上，以及所有在 1933 年 1 月 30 日以前就加入冲锋队、党卫军或钢盔队[①]的人员。这项政策反映出了冲锋队在纳粹统治早期的强势地位，因为在 1931 年或 1932 年加入冲锋队的人就能享受优待，而在同一时期入党的人却未必能享受到这个待遇，因为纳粹党的党员人数在 1930 年末就已经超过了 30 万。很多省部书记因此大倒苦水，认为普通党员“与冲锋队员相比受了冷落”。

但是，即便有这种区别对待，它在职业安排的实际操作中也没有什么要紧，因为有关部门将此次“特别行动”视为大包大揽的特许，趁机将所有党员都安排到油水足的岗位和职位上去，而根本不管他们的党号是否符合优待的条件，或者他们的生活是否存在困难。在纳粹党统治的最初几年内，几十万纳粹党人在政治庇护下挤进了公共事业单位的新岗位。仅仅德意志帝国邮局一家，在 1933 至 1937 年间就接纳了三万多名“有功的纳粹党员”。在安排工作的时候，失业的党员往往竞争不过那些一心钻营的人，于是“特别行动”的真面目很快就暴露无遗——大规模、有组织的任人唯亲。例如，帝国战争部长指出，在 1936 年 1 月 1 日以前被安排到他的部门的中层和下层干部岗位上的 3 023 名纳粹党员中，只有 369 人此前是失业人员。因此有超过 80% 的人是从现有的工作关系中转到

---

① 钢盔队是第一次世界大战后由退伍军人组成的右翼准军事组织，后来被纳粹党吸纳。

国家机关的。这违反了所有的规章制度,揭露了“特别行动”旨在照顾那些“生计无着”的党员这种说法的荒唐和虚妄。

在柏林,纳粹党各省部领导层建立的“职业介绍部门”首先完全无视了“特别行动”照顾对象的限制条件,将所有的“老党员”都拉了进来,“以便满足经济的需求”,这就是他们的解释。就这样,在纳粹党掌权的最初三个月内,有超过一千名纳粹党员得到了新的工作岗位;到1934年10月,就有大约一万人得到了这样的照顾。

在汉堡,纳粹党对现有的照顾老党员就业的政策也做了随心所欲的解释,下面是几个例子。帝国内政部长一纸公文就将公共事业单位中原本应当用“即将退休人员”来填补的空缺岗位的比例从90%缩减到了50%,以便给“老战士”们腾出空间。于是,在汉堡,90%的空缺雇员岗位都被“老战士”占据,“即将退休人员”的利益遭到了粗暴的践踏。汉堡的纳粹党人对工作岗位进行了内定和瓜分,纳粹党汉堡省部和冲锋队第12旅分别得到43%的岗位,剩下的14%被分给了党卫军第28旗队。因此,在就业分配上根本就不存在哪怕是表面上公正的规则,因为人员安置的权力被下放给了纳粹党组织。纳粹党的有组织的任人唯亲是完全公开的,厚颜无耻且具有系统性,因此在本质上与当时所有的通过长期统治形成的政党裙带关系不同。

然而,对“老战士”的“救济”并不仅限于将他们安插到国家机关里。纳粹党“运动”数量众多的纪念日,比如1月30日、4月20日或11月9日,都是慷慨提携、鸡犬升天的良机。根据1936年5月26日帝国财政部的通令,所有“老战士”在1933年1月30日之前在党卫军、冲锋队的服役时间以及担任纳粹党干部或演讲家（“对性格和政治教育具有突出意义”）的时间都可计入公共事业单位的工龄，也就可以借此领到更高的工资。除了全国通行的规定外，还有一些地方性法规予以补充。例如，汉堡市政府就做出规定，在1930年9月14日前入党的党员，可以享受职员每年2 950帝国马克、工人每周46.08帝国马克的最低保障工资。这些人还享受着铁饭碗，因为除非事先通知省部书记和各省总督，用人单位不得解雇这些人员。哪怕不符合公共事业单位的用人条件，党员们也尽可以高枕无忧。他们可以通过所谓的“私人劳动合同”轻松地绕过不符合用人条件的障碍，并且可以很快转为正式的干部或职员工作关系。尤其是，在“私人劳动合同”中，薪酬条件是可以协商的，况且这种岗位的待遇一般都非常优厚。通过这种方法，哪怕是较低级的岗位也可以得到比公共事业单位正常薪酬标准高得多的待遇。

很多自身条件较差、不符合中下级干部岗位要求的纳粹党人在“私人劳动合同”的帮助下，得以在公共管理部门飞黄腾达。在汉堡，冲锋队干部和福尔斯比特尔集中营指挥官保罗·埃勒胡森原是个学徒未满师的售货员，从1929年起就一直无业，却在1933年7月通过“私人劳动合同”一跃成为帝国总督的“私人秘书”，并获得了“行政专员”的头衔。他被提升为州政府顾问和高级顾问，后来又调入青年事务办公室担任部门负责人，但是他很少去上班，“因为他几乎总是酩酊大醉”。纳粹党省部监察官马克斯·拉茨原先是熟练的白铁工，从1925到1933年却以小贩为业，1933年4月被任命为委员会主任，当年9月被提升为委员会主席，1934年3月成为汉堡判决执行办公室主任。1938 年 1 月,他又换了一个油水丰厚的岗位——汉堡自来水厂厂长。纳粹党县党部书记威廉·特格勒原是个小学文化的会计,1933 年 10 月通过“私人劳动合同”进入汉堡财政管理部门任职。短短几年之内,他就攀升到了汉堡公务员的最高位置 (1934 年升任行政专员,1937 年晋升为高级行政专员,1939 年升为州政府理事,1942 年担任州政府国务秘书),不仅领导着整个建设管理部门,还兼了“汉萨城市汉堡展览馆”经理这一油水很足的职位。

这种惊人的飞黄腾达在第三帝国的地区性纳粹精英中虽然并不具有代表性——因为纳粹党的领导人并非全部来自社会底层——但也绝非个别现象。在慕尼黑,纳粹“运动之都”,像克里斯蒂安·韦伯这样的马夫也能爬到“经济专员”的位置,这表明德国的精英阶层的成分在政治驱动下发生了潜移默化的变化。但是这种变化完全是由于结党营私和任人唯亲,而不是像纳粹政府宣传鼓吹 (无阶级差别、人人平等) 的那样,是由于纳粹党致力于在全社会提高社会流动性、改善下层群众的受教育和上升的机会。

除了公共事业单位之外,国有企业或“公私合营企业”也为提携党员同志提供了良机。城市的煤气、供水和电力企业,短途交通企业,国有企业或国家参股企业,以及健康保险公司,或先前的由工会所有或与工会关系紧密的企业,全都成了纳粹党人就业的王道乐土。有些企业由于吸收了大量纳粹党人,几乎濒临破产。

例如,德国大宗采购消费协会 (GEG) 所属各企业的全体职工中,新近入职的纳粹党人占到了 75%。售货员的数量增加了 25%,

销售额却同期下降了30%。普通健康保险公司,比如在柏林和汉堡的公司,也被迫大量雇用"老战士",尽管它们并不需要这么多员工。在帝国监管部门所做的一次审计中发现,仅汉堡普通健康保险公司的员工数量就比所需定额多了228人。1933/1934年,汉堡高架铁路股份公司就安置了一千多名党员。

在汉堡,为了安抚那些政治上出了局的党员,常常把他们安排到"公私合营企业"去,用丰厚的薪酬来补偿他们权力的丧失。在这些企业里,"老党员"们会签订所谓的"领导岗位合同",借此享受"老战士"们在公共事业单位能够享受到的特权,比如,可以慷慨地将党龄和其他的"贡献"计入工龄,由此得到更丰厚的退休金。例如,已退役的警察总长威廉·伯尔茨于1936年底被安排到港口轮船航运公司(HADAG)董事的职位上,他的工龄被一直倒推到了1918年,因为他的军龄、党龄和在冲锋队服役的时间都被算了进去。"公私合营企业"原本就人浮于事,因此在虚假的工作关系掩护下,安插了一大批主要从事党务工作的党员,给他们丰厚薪酬,就毫不奇怪了。例如,汉堡"党部农业事务主任"赫伯特·东克尔还担任了"汉堡发电厂农业顾问"的职务,年薪高达1万帝国马克,却从没去发电厂上过班。东克尔的前任,即前一位党部农业事务主任赫伯特·舒尔茨则占据了汉堡火灾保险公司"农业保险事务顾问"这一油水很足、有名无实而无需真正工作的职位。

除此之外,汉堡火灾保险公司还给很多冲锋队干部安排了闲差,比如卡尔·吕施担任了"行政主管",但他真正的岗位其实是冲锋队行政主管。吕施自己也承认,通过这种手段,"得以将我们旅非常有限的资金用于其他用途”。汉堡港口与仓储公司雇用了一名专职的纳粹党演说家,汉萨城市汉堡展览馆为一名纳粹党县党部组织部长提供资金支持,汉堡艺术馆则安置了帝国美术协会的一名州级领导人。政府控制下的几乎所有企业和机关都被拉进来,隐蔽地供养党员,同时也就是在隐蔽地为纳粹党提供资金。这种现象不是汉堡的特例,在全国各地都有。

根据1934年6月12日帝国内政部长发布的通令文件 (其后有数量众多,但核心内容相同的通告被传达下去),纳粹党作为一个法人团体,虽然无权从市或镇级的国家财政获取资金,但很多特许命令和限制性条件却为纳粹党从国家财政拿钱打开了方便之门。根据通令文件,如果“某些任务由城镇自行完成,或者雇用其他组织或个人来完成的经济代价比雇用党的组织来完成要高,就可以雇用党的组织,以减轻地方财政的负担”。这些规定显然是被纳粹党当成了特许令,于是他们向城市和城镇地方财政提出了“几乎欲壑难填”的经济要求。就像某位史学家描绘的那样,城市和城镇地方财政变成了“纳粹党的自助商店”。

在从经济上推动纳粹党事务的框架下,出现了形形色色的机会,用最稀奇古怪的方式让党员们中饱私囊。比如,国家财政以“促进祖国的机构设施发展”的名义,给党员提供“还债津贴”;党员缴纳的社会福利费用比别人低;冲锋队员们在圣诞节时能从国家财政那里拿到礼金;占据领导岗位的党员如果住在公有的别墅和房屋内,可以享受较低的租金;有一个冲锋队员从市财政那里领取补助去镶牙,因为他“在与共产党人的斗争中被打掉了一颗牙”。

利用国家财政和公私合营企业来供养党员是比较容易的，但要利用私营企业就比较困难了，因为纳粹党对私营企业只有间接的影响力。纳粹党柏林党部要求向纳粹党供应物资的所有企业都做出书面保证，“尽可能只雇用党员和德意志劳工阵线的成员”。在汉堡，各企业被要求在参加公开招投标时，“在报价单上要附加一条，如果投标成功，是否会雇用纳粹党的老战士，如果是，又要雇用多少人”。除了这种赤裸裸的无理要求，纳粹党组织还会把公司代表叫到汉堡市政厅去谈话。但这些做法收效甚微，因为对私营企业来说，招聘人员的首要考量是企业的赢利状况，以及应聘者的资格水准。虽然有政治上的压力，但私营企业的这些最基本的招聘政策几乎没有改变。

此外，纳粹时期对招投标的政治化的主要目的不是让私营企业雇用更多的“老战士”，而是照顾身为纳粹党员的企业家。公开招投标时会优先考虑这些人。如前文所述，不仅“副元首”，经济政策委员会主席也对这一点提出了要求，他指示纳粹党各个省部的经济顾问，要大力提携党员同志，“将国家出资的项目都交给党员同志去做，因为这个国家的存在本身就要感谢国社党”。于是，哪怕竞争对手的报价更有利，纳粹党人也能中标，抢到生意。在这些情况下，纳粹党人还要做出已经成了陈词滥调的悲戚的解释，说这是为了照顾受到冤屈、生活困难的党员。比如，“为党的事业牺牲的希特勒青年团员奥托·布勒克尔的母亲在我党掌权之前，在经济上受到了很大的损失”，尽管她的报价比一个竞争者高出 10%，政府还是把一笔很大的生意给了她。

不仅是国家财政、公私合营企业和公共资本投资公司,纳粹党下属的各种组织机构也被加以利用,促进党员的利益。“国家社会主义人民福利行动”(NSV)、“欢乐造就力量”、“德意志人民冬季救济行动”等下属组织为了给党员腾出位置,都把普通的“同胞”排挤到了一边,尽管这些组织的经费的很大一部分来自公共募捐和国家财政。为党员,尤其是“老战士”提供的福利包括:带菜园的住宅、供党员及其家属享用的疗养院、“阿道夫·希特勒疗养度假赞助计划”的度假旅行、“国家社会主义人民福利行动”的“圣诞节礼金”、纳粹党救济基金提供的补助,以及“阿道夫·希特勒党员救助基金会”提供的社会护理服务。

享受到纳粹党及其下属组织机构提供的这些福利的人也绝不是像宣传的那样,都是生活困难的有功之臣。“国家社会主义人民福利行动”总部向“老战士”提供无息贷款,享受这个好处的主要是那些占据着油水丰厚岗位的党员。在驶往挪威和马德拉群岛的“欢乐造就力量”组织的游船上嬉戏的很少有纳粹宣传大力赞扬和争取的“德国工人”,而主要是纳粹党的全职干部。党务办公室曾指出,“县级党部的全职人员总是最先享受到这些福利”。

立法机构也被纳粹党人用来给自己谋福利。例如,1934 年 12 月 13 日颁布的《公民合法权益赔偿法》免除了所有党员在“国家社会主义崛起”期间侵犯他人权益和破坏财产的个人经济法律责任,而这个时限被拓宽到了 1934 年 8 月 2 日。党员在此期间造成的人身和财产损失应由“公众承担”。1938 年颁布的《旧债免除法》通过法律途径帮助那些"由于参与国社党政治运动而导致自己的独立经营企业破产"的党员摆脱债务。

在第三帝国,"补偿"、提携同党与有组织的任人唯亲绝非纳粹统治初期的过渡现象,也绝不是仅限于所谓的"老帝国"境内。在1938年德奥合并之后,这些现象在奥地利同样愈演愈烈。按照"奥地利回归德意志帝国事务特别专员"约瑟夫·比克尔的说法,"奥斯特马克"① 的党员有着特别强烈的"补偿情结"。这一方面表现在暴力横行的无政府主义行动、劫掠、"疯狂"征用和侵占——这些现象在1938年初是很典型的。格哈德·雅戈希茨把这个为党员谋取私利的物质再分配的混乱阶段描述为"激情、贪婪和告密的巫婆大聚会"。很多企业被纳粹党人占据和劫掠,犹太人和反对派的巨额财产遭到"疯狂"侵占。1938年初夏,经济与劳工部建立了"财产流通办公室",纳粹党也组建了各式各样的职业介绍和补偿机关,把毫无法纪的个人的中饱私囊引导为有组织的庇护提携,这与"老帝国"的种种现象如出一辙:"国社党的有功之臣"得到安置,纳粹党员得到条件有利的贷款,犹太人的企业被分配给党员,再加上"雅利安化贷款",以及所有政府许可企业(如烟草商店、彩票销售点、电影院等)系统性的对党员的优待。另外,"老战士"们还能得到金钱奖励,帝国财政部为此提供了2 000万帝国马克。总的来讲,奥地利的"补偿"显露出的真面目是"微妙的报复行动";对党员的庇护

① 即奥地利。从1918年3月德奥合并至1939年,其仍然保留"奥地利"的名称,随后改称"奥斯特马克"至1942年,最后改称"阿尔卑斯与多瑙帝国行省"。德文中"奥地利"有"东方帝国"的意思,"奥斯特马克"的字面意思是"东方边疆区"。

和财产再分配比在“老帝国更加彻底和严格”，尽管奥地利纳粹党人对此的解释，即对所谓“在共和国期间为了党的事业而遭受的损失”进行补偿，和在“老帝国”几乎是一模一样的。

纳粹党的活跃分子们并不因自己得到庇护和赞助而感到羞耻，反而大声疾呼为自己索取“补偿”。甚至于有纳粹党干部因为没有兑现向下属做出的安排工作和提拔的诺言，而被告上纳粹党的党内法庭。1939 年 8 月，汉堡救济部门的一名职员在纳粹党最高法庭如此控告国务秘书格奥尔格·阿伦斯：“因此，我要求，1936 年 8 月向年资较老的党员做出的改善待遇的诺言，也应当向我本人兑现；并且，自 1936 年秋季以来，我因为没有得到提升而损失的薪酬，也应当补偿给我。”虽然群众对“老战士”得到的优待显然十分不满，但“老战士”们往往对自己的物质特权贪得无厌。国家警察部门报告称，有些“老战士”提出，对岗位和职务的分配应当仅与入党时间挂钩。这些人普遍相信，“老战士对任何部门的工作都是称职的，尤其是，公务机关的领导岗位并不需要专业知识”。这种完全无视个人才干的欲壑难填的心态，即便是在第三帝国的环境下也无法得到满足。虽然纳粹党极力促进党员的利益，但并非所有党员都对自己得到的待遇感到满意。这并不是因为党没有努力去照顾他们，而是因为他们的期望值和要求实在是太高了。而这样的期望值和要求也恰恰是纳粹党自身在其追随者中唤醒和促进的。

社会学家特奥多尔·盖格尔早在 1932 年就指出，在纳粹党人的“理想主义”宣传的光辉外表背后，藏匿着一种没有理想的理想主义，并没有把物质上的贪婪掩饰好。纳粹党人的基本态度是“绝非理想主义的”,而是“极端的经济和物质主义的”:“他们没有克服经济的、物质主义的心态,而是遮蔽着自己的物质主义。”

如果没有魏玛共和国严重的经济和社会危机,很多纳粹党活跃分子的物质导向和“补偿心态”自然就很难解释了。魏玛共和国长期的危机将很多人的人生计划化为泡影,让他们丧失了攀升的希望。因此,在1933年之后,很多纳粹党人寄希望于党的照顾和赞助,通过自上而下的腐败,确保自己物质上的稳定,以及在社会中的进身。

赠礼、特别基金和小金库

尽管国家财政在相当大的程度上被用于供养党员,但国家财政的结构决定了,纳粹党人还是不能随心所欲地对其加以利用。比如,国家财政要确定支出,每一笔支出还要与预算的各个条目挂钩,这就需要系统性的缜密计划,而这不仅与纳粹党人的仓促、骤然、战役式的政策风格相抵触,也无法与纳粹的统治结构兼容。因为纳粹的统治结构分为不同的权力集团、各种特别机构、特别委员、特别专员、不同的派系,以及纳粹党体制内的私人交情。

于是,国家财政的结构瓦解得越来越厉害,各种特别和特设基金、晦暗不明的基金会和小金库却越来越多,它们受纳粹党的某些权贵直接控制,资金则来自不同的途径。帝国审计总署的副署长埃米尔·施腾格尔将基金经济称为"各级行政机关根深蒂固的倾向"。特别基金可以用来为五花八门的目的提供资金,不受到任何开支检查和金融监管,因此特别适合用来供养私人亲信和追随者。因此,特别基金成了第三帝国腐败的一个核心来源。

首先,希特勒就利用特别基金来建立自己广泛的私人圈子,给亲信们提供馈赠、资助和赠礼。这位独裁者如此行事，经费来源五花八门：国家财政、“德国经济界向阿道夫·希特勒捐款基金会”从德国经济界获取的募款（到1945年，高达7亿帝国马克）、《我的奋斗》销售所得的版税和稿酬（每年有150万到200万帝国马克）、德意志帝国邮政部门因销售带有元首肖像的邮票而给希特勒本人的分成（总计5 200万帝国马克）。另外，希特勒在德尔布吕克—席克勒尔银行还拥有一个“援助基金”账户，其资金来自已经去世的、指定希特勒为继承人的纳粹党追随者的财产。希特勒获取这些遗产，却不曾缴纳过遗产税，因为，就像他的律师吕迪格·冯·德·戈尔茨伯爵向财政部门解释的那样，“众所周知，元首、党和国家是一回事”。

从希特勒的收入情况可以看出，公家和私人的财政被危险地掺和在了一起，这在第三帝国的基金经济中是典型现象，也与希特勒的自我认识吻合——他的公私生活就是不分的。甚至有些收入来源很难清楚地确定，究竟是私人收入还是公共收入。希特勒的所谓私人收入，比如他的稿酬，其实也得到了政府的大力赞助和推广。购买《我的奋斗》是一种义务，比如户籍登记处必须向新婚夫妻提供这本书。

希特勒利用特别基金来收藏艺术品，并赞助筹备中的位于林茨的“元首博物馆”，但主要的开支还是馈赠他人，而且这种馈赠总是免税的。形形色色的人都从他那里获利。

一方面，军事精英们每月都能领到免税的职务津贴，这是数额相当巨大的一笔钱；最重要的还有礼金，陆军元帅们得到的礼金平均在25万帝国马克,有的人能拿到比这多得多的数额。陆军元帅凯特尔收到了约76.4万帝国马克的礼金,陆军元帅冯·里布骑士收到了88.8万帝国马克,古德里安大将甚至收到了价值124万帝国马克的地产。希特勒向将帅们赠送如此巨额的财产,不仅仅是为了向他们的服务表示感激,更是在有意识地对他们进行腐蚀,加强他们与元首的联系。希特勒操控帝国的军事精英,靠的不仅仅是他的领袖魅力,而是,按照"7月20日事变"的密谋者法比安·冯·施拉布伦多夫的说法,"用一根黄金的,但非常有效的缰绳驾驭他们"。

国家机关和党内的精英们同样收到了慷慨大方的馈赠。帝国外交部长约阿希姆·冯·里宾特洛甫在50岁生日时收到了100万帝国马克的礼金,帝国总理府的幕僚长汉斯·海因里希·拉默斯在65岁生日时收到了60万帝国马克。给党和国家的高官的类似礼金一般在10万到25万帝国马克之间。这种馈赠的一个重要动机就是保证受馈赠者的忠诚可靠。作为反例,有的下属虽然收受了物质上的馈赠,却仍然忘恩负义,这令希特勒及其亲信暴跳如雷。当希特勒、戈培尔和希姆莱得知柏林警察总长赫尔多夫伯爵也参加了1944年7月20日的政变阴谋时,第一反应是火冒三丈地指出,他们曾多次帮助赫尔多夫还债,并资助他摆脱经济上的困难。

但希特勒的馈赠和礼物并不全是赤裸裸的权力政治的算计、为了控制对方的忠诚。很多在党内斗争中失势、被束之高阁、丧失了全部政治影响力的人也享受到了元首的恩典。对这些人安抚一番,就不必担心他们会做出什么不利于政府的行为。长期担任秩序警察总长的党卫军大将库尔特·达吕格丢掉政治权力之后,希特勒将萨姆特县的伊尔泽瑙庄园馈赠给他,作为抚慰。原先的总理府幕僚长菲利普·布勒在与拉默斯和鲍曼的权力斗争中落了下风,一败涂地,于是希特勒赠给他10万帝国马克,帮他摆脱经济困难。1940年,希特勒向于1936年被撤职的省部书记威廉·库贝赠送了一大笔钱;1942年,前任黑森州总理斐迪南·维尔纳在65岁生日之际得到了每月500帝国马克的额外“荣誉薪金”。维尔纳在1933年与黑森党部书记雅各布·施普伦格的权力斗争中落败,后来被贬谪到布雷斯劳省政府担任行政专员。在对给维尔纳的“荣誉薪金”做解释时,党中央办公室主任鲍曼指出,维尔纳旧时的同事,比如帝国审计总署的署长海因里希·米勒、维也纳市长菲利普·威廉·荣格或者驻法战争行政管理部总长维尔纳·贝斯特,都已经晋升到了比他们的政治导师维尔纳高得多的职位。而维尔纳这样一个“民族的和反犹思想的资格最老、最不知疲倦的先驱战士”却没有从较低的岗位上获得过晋升。

在这些例子中,赠礼和资助都是对失去政治权力之人的抚慰。希特勒的礼物不仅有政治上的深谋远虑,还扎根于一种几乎是多愁善感的朋党之交。这种朋党之交对希特勒和纳粹党“运动”来说,就像政权内长期的派系和门阀斗争一样,非常典型。

最后,希特勒还赞助了很多科学家、作家和艺术家(如画家、雕塑家、电影导演和演员,这些人的作品很符合希特勒的个人口味,被他认为是特别值得赞助鼓励的)。仅雕塑家阿尔诺·布雷克尔就从希特勒手里拿到了总计80万帝国马克的财产;女演员汉妮·波滕获得了每月1 000帝国马克的终身退休金。希特勒对科学和艺术界精英的慷慨解囊具有特别的偶然性，缺乏系统性，但说明了，通过自上而下的腐败进行的控制和拉拢的目标绝非仅限于政治、军事领域的领导阶层。总的来讲，希特勒的礼物和馈赠代表了纳粹政权的一个重要的统治工具：不是通过恐怖和强迫，而是借助系统性的诱惑、赠礼和奖赏的策略。

在第三帝国，通过来源可疑的特别基金进行馈赠和赏赐，绝非希特勒一个人的特权，而是一种普遍的统治原则，很多高官都使用这种方法。尤其是纳粹党各省部的书记，他们常常兼任该省的总督和帝国国防专员，把自己的“疆土”当作自己的王国一样，作威作福。他们也创建了基金会和特别基金作为资金来源，既不受国家财政监管的限制，也不接受纳粹党总财务官的控制。另外，他们在出售“国家公敌”或犹太人财产时，也有很大的影响力。他们效仿最高的“元首”，试图通过物质赞助来收买人心。因此他们特别重视对党员和亲信的资助，同时也注意去扶持那些被政府认为值得赞助的精英，比如艺术家、科学家和军人。

例如，萨尔茨堡省部书记兼总督就控制着大量风景秀丽的地产，并慷慨地拿这些地产来赠送他人。享受到他的好处的党员同志包括外交部长约阿希姆·冯·里宾特洛甫，他在弗歇尔宫建起了一座“避暑宅邸”；还有帝国部长伯恩哈德·鲁斯特，他获赠了利奥波德斯科隆恩宫的一座宅子（原先的主人是“犹太人马克斯·莱因哈特”）；纳粹党全国领袖瓦尔特·布赫在巴特加斯泰因弄到了一座狩猎小屋；国务秘书汉斯·菲施比克从总督那里获得了一座“犹太人别墅”；党卫军上将赛普·迪特里希则得到了“福莱特霍夫埃尔伯”帝国森林的一座高级“羚羊猎场”。

另一方面,这位党部书记还赞助了一些并不属于党和国家领导层的人士。比如,“国家级演员”埃米尔·杰宁斯在党部书记及萨尔茨堡地方议会的保护下,以区区 8.1 万帝国马克的优惠价 (原价是 25 万帝国马克) 购置了位于格施万特 / 施图卢贝尔市镇的库尔波因特别墅。给杰宁斯优惠价的理由是,为了促进公众的利益(“为了推进国家和公众的利益”),因为杰宁斯的电影被国家领导人评价为紧跟国家政策、艺术性极高、利国利民的佳作,而购置这块地产对“杰宁斯的艺术创作具有重要意义”。受到拉拢的艺术家还包括慕尼黑雕塑家约瑟夫·图拉克,他在党部书记的盛情邀请下,来到萨尔茨堡省定居。这位党部书记对雕塑家的福利关怀备至,命令将图拉克的母亲的遗体安葬在圣彼得墓园,还允许他“在我的辖区内的猎场上随意打猎”。

将领们受到萨尔茨堡党部书记的欣赏和拉拢,非常高兴,尤其是当他们想购置萨尔茨卡默古特的所谓犹太别墅的时候。例如,海因茨·古德里安大将就置办了位于圣沃尔夫冈的里德的“坦克别墅”——这个名字真是个绝妙的预兆。航空兵上将鲁道夫·博加齐也被欣然纳入“我们愿意帮助”的“买家名单”。

和大多数其他省部书记一样,萨尔茨堡省部书记兼总督也支配着独有的、不受财政监管的私人基金,资金来自帝国财政部长拨付的款项。这种将国家财政挪作他用的手段对各位省部书记来说是非常典型的,另外他们还侵吞“国家公敌”的财产,征用各种类型的募款以支持自己的基金,还威逼利诱地将企业划归到自己的控制范围内。纳粹党总财务官施瓦茨建立了专供各位省部书记自由支配的基金，并不断提高其金额，但仍然无法阻挡省部书记们对财政自主权的追求。

在这方面特别“有才”和厚颜无耻的要数东普鲁士省部书记兼省长埃里希·科赫。他在1933年建立的“埃里希·科赫基金会”发展壮大成了一个真正意义上的控股公司，到1944年12月31日时总资产已经高达3.317亿帝国马克。“埃里希·科赫基金会”的章程虽然只能勉强掩饰其真正目的——它是党部书记的财政工具，用来培植亲信——但却明确地规定，基金的目的是“对国社党人进行教育、培训和支持”。科赫书记是该基金会的唯一一名理事，独自决定如何处置基金的收益，还有权将基金会的资产转让给纳粹党或者“久经考验的国社党人及其亲属”。

这个基金会的资金来源首先是纳粹党所有的省党报，科赫对其控股50%。但渐渐地，科赫通过政治压力和滥用职权，接管了41家纺织企业、30家食品加工企业、19家印刷厂或出版社、15家木材加工企业和13家其他类型的企业。科赫往往是通过代理人将这些企业买下，然后将它们转让给基金会的。1944年，“埃里希·科赫基金会”所属的企业的净利润高达3 000万帝国马克。科赫的三座私人“宅邸”(大弗里德里希斯贝格、霍恩多夫、布痕霍夫) 总价值高达2 500万帝国马克，同样也是基金会的财产。基金会的收益被转入科赫的私人账户，这个账户是他在省政府的框架内设立的。

科赫书记在没收“国家公敌”的财产时显得手段特别高明。在梅梅尔被并入东普鲁士后，他将原属于犹太人的多家纺织厂占为己有。在 1939 年的波兰战役之后,齐谢瑙区被并入东普鲁士,科赫趁机吞并了大量土地。“埃里希·科赫基金会”接管了波兰豪门恰尔托雷斯基家族的地产,约 8 000 公顷,科赫很快又把这块地产扩张到 2 万公顷。他以类似的手段侵吞了纳茨波尔斯克庄园,将其扩展到 1.2 万公顷,并将其分配给了东普鲁士地方自治会[①]。另外,科赫在齐谢瑙区还给他的基金会搞到了“德国普通信托有限责任公司”的 5 家制糖厂。尽管这几家工厂的保险价值就高达 1 900 万帝国马克,科赫却用区区 4.38 万帝国马克就将其拿下。

“埃里希·科赫基金会”典型的任人唯亲和结党营私在基金会下属的企业中也是普遍现象。例如,蒂尔西特的“东德意志鞋类与皮革制造厂”的高级职员与厂长米勒狼狈为奸,在战争开始后将 1.5 万多双鞋在没有配给证的情况下卖给了亲戚和熟人,也就是说大做黑市生意,这也是“埃里希·科赫基金会”的一贯作风。

其他省部书记们也把自己的基金会扩建成了像模像样的企业。例如,1936 年,位于苏尔的西姆松兵工厂原先的犹太业主被剥夺了财产,而没有得到任何补偿。图林根省部书记兼总督弗里茨·绍克尔将这家工厂改为“威廉·古斯特洛夫基金会”。绍克尔是这家基金会的唯一一名理事,在他领导下,基金会发展壮大为大型的军火及机械企业。在对犹太人产业进行“雅利安化”的过程中,基金会又吞并了一家位于魏玛的火车车厢制造厂、海默尔与皮尔茨股份公司所属的机械制造厂和铸铁厂,以及位于下奥地利的希尔滕贝格尔

① 地方自治会(Provinzialverband)是历史上普鲁士各省的一种类似于议会的团体,由地方上的代表组成,接受政府的领导,负责交通、经济、社会福利、文化等事业。1933 年 12 月起,地方自治会的部分权力被转移给了纳粹党任命的省长。

弹药工厂。

但泽—西普鲁士省部书记阿尔伯特·福斯特的“1939年9月1日基金会”原先叫作“阿尔伯特·福斯特基金会”,原始资金仅有100帝国马克。福斯特为自己的基金会搞到了工业界的大量股票,比如但泽火车车厢制造厂、魏克赛尔轮船航运股份公司和沥青工业若干企业的股票。

在纳粹党的巴伐利亚奥斯特马克省部(后来改称拜罗伊特省部),省部书记汉斯·谢穆倒没有建立自己的基金会,而是成立了一家暧昧不明的有限责任公司,称为“奥斯特马克自助有限责任公司”(缩写为Oseg),以便为自己和党组织广开财源。该公司的原始资金来自1933/1934年的一次“就业大会战[①]捐款活动”,当时他组织了这个活动,名义上是要援助省内的“困难地区”。这次活动募集了150万帝国马克,但这笔钱却被挪作他用,部分被用于组建Oseg,部分用于以现金和实物的形式馈赠各县的党组织及领导人,以及扩建巴伐利亚奥斯特马克省党部出版社。Oseg的首要任务是执行创造就业岗位的措施,比如对巴伐利亚森林进行开发、修建公路等,但其实它真正的使命是为纳粹党服务。为了达到这一目的,社会民主党、自由工会和与工会联系紧密的组织的财产被没收后也被转移给Oseg,进行“托管”。1939年3月,德国吞并捷克除苏台德的其他部分之后,Oseg侵吞了一些原属捷克人所有的地产和庄园,比如费希腾巴赫狩猎庄园(包括4 000公顷的猎区和鳟鱼养殖

① “就业大会战”是纳粹时期的一种说法,指的是通过各种手段(如开展基础设施建设)大量地创造就业机会,消灭失业现象。

场）就主要被用来招待“省部的客人”。

在汉堡，省部书记兼总督卡尔·考夫曼建立了“1937年汉堡基金会”，其收入来源极其广泛。考夫曼借助代理人取得了许多企业的股权，比如汉堡—万兹贝克的“齐格菲·克罗赫化工股份公司”（该公司的犹太业主在1938年的虐犹事件之后丧失了对自己企业的支配权）。但是，该基金会财产的很大一部分来自所谓的捐款（汉堡市的企业被强迫纳捐）、“雅利安化捐款”以及旨在“推进祖国的组织机构”的国家财政资金。基金会的总资产累计达到860万帝国马克。该基金会在战时还获得了更多收益，考夫曼的代理人在占领区收购家具和烈酒，绕过税法和关税法规，把货物运回“老帝国”出售，借此牟利。

由于考夫曼书记本人授权的全部汇款凭证都保存至今，我们可以把他的基金会的资金流向摸得一清二楚。正如基金会的宗旨所说，所有开支都集中于两项重点工作，一是“推进祖国的组织机构（尤其是纳粹党组织）”，二是扶助“生活困难、需要帮助的党员和民族同胞”。这种开支被认为是“公益性”的，因此不需要纳税。向纳粹党组织支付的款项一般是以不具约束力、较为含糊的“赞助”的形式，因此收款人——通常是冲锋队、党卫军和希特勒青年团的干部——可以自行斟酌，任意使用这些款项。汇款凭证上的款项用途包括“救济用途”、“党卫军西北大区的一般用途”、“国家社会主义航空军团的个人用途”，它们都没有给出明示，而是对金钱的真正去向百般掩饰。

另外，考夫曼书记还毫无顾忌地向下属馈赠金钱。纳粹党的县级和省级干部能够从他那里得到贷款,比如考夫曼从基金会拿出12.5万帝国马克的巨款,借给纳粹党议员马克斯·佩波考恩,以扶持后者的范·迪瑟尔与罗德公司。考夫曼基金会的大部分资金还是支付给普通的“老战士”的,其中两百多人在考夫曼的帮助下摆脱了债务。这种赠礼一般在100至5 000帝国马克之间,一般是由考夫曼书记本人当面交给对方的;通过这种当面馈赠的方式,上演了一场知恩图报的好戏,受赠人和书记之间的私人关系也得以加强。

在纳粹体制的各个层面,人们都通过物质资助的方式来巩固自己的私人关系网,这已然成为一项核心的统治原则。在汉堡,几乎所有的纳粹党机关领导人和州政府委员都操控着不在国家财政预算中列出的特别基金,用来资助下属和亲信。例如,卫生与救济部门领导人的特别基金就以“扶持”为名,向纳粹党组织的干部和成员,以及机关的职员和干部发放金钱。汉堡州内政部长和冲锋队干部阿尔弗雷德·里希特就从警察局的小金库里拿钱,向他的亲信们赏赐计划外的补助金、旅行及疗养津贴,以及各种医疗补助。他的小金库还为送给汉堡盖世太保主管布鲁诺·施特赖肯巴赫的“生日鲜花”买单,并替因毒打政治犯而被判处罚金的臭名昭著的冲锋队打手付罚金。州内政部长里希特做出指示,用特别基金的钱帮这些打手结清罚款。基金的支出记录中有一条特别能证明纳粹党人的“乐于奉献精神”:州内政部长里希特在演讲中不断呼吁民众捐款,而他自己在纳粹党的若干地区小组开会,在有人募捐时,却只捐了8.6帝国马克,而且后来还用特别基金的钱报销了这笔善款。

纳粹党的很多"显贵"在财务和政治上的种种伎俩,他们的特别基金和基金会——尤其是各个省部书记的基金会——自然瞒不过纳粹政府高层,但高层却避免与这些飞扬跋扈的封疆大吏们发生冲突。党中央办公室的一名工作人员得出了无比犀利的结论:"根据'民不告,官不管'的原则,根本不存在有效的财务监管。"

党的"显贵"们通过基金会和特别基金,绕过了纳粹党总财务官施瓦茨的财务监管,这让他火冒三丈。在给党中央办公室主任鲍曼的一份报告中,施瓦茨大倒苦水:"根本谈不上廉洁和健康的财务预算,因为各省部书记作为党的大员,或者总督、省长或部长,通过基金会、社团或企业,以不受监管的方式自行筹款,建立所谓的小金库,擅自支配这些款项。"但是,由于施瓦茨是党的总财务官,而这些胡作非为的党部书记们还拥有总督或省长的政府官员身份,所以党是没有办法予以干预的,施瓦茨对这些基金会完全束手无策。

戈林在鲍曼那里"激情澎湃地"控诉党部书记们的小金库,希姆莱则称其"令人讨厌"。但他们两人都没有采取措施来打击这些腐败行为,而且他们自己对特别基金的体制也是熟门熟路,有着多年的使用经验。他们都从德国经济界吸收数额巨大的捐款,然后将其存到特别账户上。戈林的"戈林艺术基金"主要用来支持他私人的艺术收藏活动,而希姆莱的特别基金不仅用来维持他的私生活,还用来资助党卫军部队,以及向同事和下属馈赠礼物。库尔特·冯·施罗德的施泰因银行建立了一个"S 特别账户","党卫军全国领袖的朋友圈子"每年都要向这个账户转移约 100 万帝国马克的捐款。希姆莱在德累斯顿银行还有一个"R 特别账户"。 德累斯顿银行还为党卫军所属的企业提供资金,并向希姆莱提供高达600万帝国马克的贷款,用于帮助党卫军干部还债。礼物和资助、度假津贴和帮助还债的贷款,一方面表明了党卫军特有的朋党之交,另一方面也体现了希姆莱慈父式的领导风格,他甚至对较低层的下属的私人利益也关怀备至。

此外,希姆莱通过其特殊的权力地位,还控制着纳粹党其他领导人为了自己的私利而非常需要的资源,比如集中营囚犯就被用来从事五花八门的私人服务。例如,纳粹党全国领袖、埃尔出版社[①]社长马克斯·阿曼就在希姆莱的许可下,定期把达豪集中营的囚犯弄到他的位于泰根湖畔圣奎林的庄园,去干建造、修盖屋顶和园艺等活计。希姆莱还亲自出马,从被囚禁在萨克森豪森和拉文斯布吕克集中营的一些《圣经》学者中选择了一名园丁,献给副元首的夫人伊尔莎·赫斯。希姆莱的这些姿态无疑是为了突出他自己在纳粹党内的地位,这也说明了,腐败如何决定了纳粹体制中不同领导人之间的关系,以及如何给体制内的私人关系奠定了物质基础。正如诸多例证说明的那样,这绝不是希姆莱的个人特征,而是纳粹"运动"的一项普遍的统治原则。诸多达官贵人,包括希特勒自己,都试图用物质资助的手段来巩固自己的权力地位。

① 即弗朗茨·埃尔出版社,是纳粹党的机关出版社。

2
第三帝国腐败的核心领域

前页图:德意志全国汽车工业联合会赠送给赫尔曼·戈林的游艇“卡琳2号”。第二次世界大战结束后,该船被英国皇家海军接管,根据维多利亚女王丈夫的名字改名为“皇家阿尔伯特号”。

纳粹党及其各组织内部的腐败

纳粹党及其组织机构是腐败体制的主要得益者,但同时也是主要的受害者。通过国家财政的丰厚拨款、捐款、募资以及党费,党的金库收到了数额巨大的款项,然而众多政工干部却为了私利,将这些款项占为己有。

从 1934 年 1 月 1 日至 1941 年 12 月 31 日,纳粹党总财务官在普通法庭针对“犯有侵害党产”罪行的纳粹党员提起了 10 887 项诉讼。这个数字高得惊人,因为我们要考虑到,侵吞党的财产就是偷窃自己的党内同志,这样做的道德顾虑肯定要比侵吞“无名无姓”的公共财产大得多,既然贪污党产的人都这么多,那么侵吞公款的人肯定更多了。在每个工作日,纳粹党总财务官平均向普通法庭提起四至五项刑事诉讼。因为在提起每一项诉讼之前必然要经过深度的审核和调查,那么我们可以推断,总财务官及其审计人员的很大一部分精力都花在与腐化的党内干部作斗争,以及追踪被侵吞的党产上。另外,这些提起公诉的案件只是冰山一角,因为很多贪污案件在党的“内部”就被处理掉了。

另外,贪污腐化行为绝不是仅限于纳粹党,在其下属组织机构中更为普遍。例如,在汉堡,所有在最宽泛的意义上与纳粹党相关的刑事诉讼中,只有约 15% 与纳粹党本身直接相关,而“国家社会主义人民福利行动”(NSV) 与德意志劳工阵线 (DAF) 的贪污案件却占到了总数的将近三分之二。

就像对党员同志的有组织的扶助提携或者很多纳粹党领导人腐化的财务行为一样,贪污也是植根于纳粹运动的结构和社会心理的。在 1933 年之前,纳粹党内就出现了很多给党造成损失的盗窃和贪污行为。比如,冲锋队救济基金的保险款被贪污,捐款被挪作私人之用,党的办公室内的打字机、办公用具和钱箱被偷走,党报的订阅款被侵吞。当然,这些案件很少会被披露到公众耳中,但在党内的争吵中却起到了一定作用。比如,早在 1931 年,就有反对派党员如此指责汉堡的纳粹党领导层:“几乎没有一个纳粹党社区不曾发生过一起腐败或贪污事件。”

造成党内腐败的一个重要原因是,很多纳粹党活跃分子都处于无业状态,囊中羞涩。纳粹党或者冲锋队就是他们生活的最重要部分,他们是为了党生活的人,同时也靠党来养活,常常把党的财产和个人的财产混为一谈、不加区分。勃兰登堡米尔罗塞的一个党小组领导人就是这样的,他持续不断地将党的财产据为已有。此人兼任党组织的财务主管,常常用公款来报销他“为党的事业”产生的私人开支。1935 年的一次审计查明,他多年来对数额相当大的公家收入没有记账,而且“将他私人的金钱与党小组的金钱完全混在一起”。在这种公私不分、为了党的事业花费私人金钱的情况下,把党的收入挪作私人之用就没有什么道德顾虑了，尤其因为这位党小组领导人在纳粹党外几乎没有私人生活，他是全身心为了党活着的人。

贪污党产很容易，因为不存在什么权力监管，这在“元首政党”中是很典型的；党的财务系统也非常紊乱，所以有很多空子可钻，其中一个表现形式就是用非常可疑的手段搞钱。党的宣传鼓动家和集资人可以把筹措来的款项的四分之一放入自己的腰包，党的工作人员可以按照一定的百分比从广大党员缴纳的党费中抽取报酬，因此很容易就把党和私人的财产混淆起来，尤其是，有的党小组直到1933年“夺权”之后才开始正儿八经地记账。

这种非正式的搞钱手段在冲锋队甚至更为普遍。冲锋队的活动经费不是依靠其成员缴纳的会费，从纳粹党也只能得到少量补助。为了解决经费不足的问题，冲锋队依赖于对捐款和有价实物进行系统性的“组织”和“征用”。几乎每一个较大的冲锋队单位都有自己的“筹款人”，负责募集捐款，尤其是还要从同情纳粹党的人士那里弄来食品，以维持冲锋队的食堂。在这种工作过程中，中饱私囊行为几乎是完全无法控制的。这些“筹款人”在同志们当中享有极高的威望，尤其是因为他们把筹集来的物资不仅用于公用，还常常挪用一些，来资助同志。

某位“冲锋队补给人员”于1935年因欺诈被判处两年监禁，从他的例子可以看出，“筹款人”受到了多么大的压力。此人神通广大、什么东西都能搞得到的名声在外，不断私下里给上级和同志提供香烟、食品、汽油、油料、家具和衣物。法庭查明，他很快就“无力满足他的同志和上级越来越大的胃口了”。为了保住自己“精明的筹措物资者和有用之人的名誉”,他用伪造的订货单订购了大量物资,其中包括140吨煤球和230吨土豆,却告诉他的上级,这都是别人“捐献”来的。东窗事发后,他本人锒铛入狱。而事实上对他进行了教唆的上级却没有受到任何处罚。

从其他为数众多的欺诈和贪污案件中,我们可以看出,党产和私人财产之间的界限(尤其在冲锋队的环境中)特别含糊和具有流动性。再加上冲锋队员之间的朋党之交,以及财务账目往往不完善,甚至根本不存在,更助长了腐败之风。威斯特法伦—北方省部书记阿尔弗雷德·迈尔针对一名冲锋队旗队长的贪污案作了如下表态:“一直到1934年11月,不曾有过合乎规定的财务账目。仅仅是在一个草稿本上胡乱记录资金进出情况。对于支出款项的用途,要么是在事后补做解释,要么根本就没有任何解释。”在对某位冲锋队旅队行政主管的判决中,阿尔托纳地方法庭指出,该旅队搞的是“纸条经济”:“根本不存在有序的款项和账目记录。”每年对冲锋队和党卫军单位财务状况做的审计报告常常也被发现类似的情况。有些单位“根本不记账”。

1933年纳粹党掌权后,党的总财务官试图通过加强审查和监管来解决财务管理紊乱的问题,但他遇到了一个问题:冲锋队,以及纳粹党的其他很多组织和全职机构,已经从纳粹党组织取得了一定的独立性,建立了自己的审计机构,而这些审计机构只是慢慢地才被统一到纳粹党中央的审计机关中来,比如德意志劳工阵线直到1943年7月1日才开始接受党中央的审计。但正如前文描述的,就算是在纳粹党内，对党的财政的中央监管也只是空中楼阁。

另外，总财务官施瓦茨试图对财务部门加强组织管理，以改善党内财务监管的状况。到这时，纳粹党的财务部门已经到了荒唐可笑的程度。例如，纳粹党某个党小组的“总财务参谋部”一共有16名工作人员（这看起来很理想），其中除了“党小组总财务官”及其“常务代表”之外，居然还包括“兑换券存量簿记员”、“账户簿记员”、“土地登记簿记员”、“财务报告工作人员”或“与宣传主管的联络员”等显赫头衔。在现实中，如此臃肿的财务组织是很难维持的，尤其是在1933年纳粹党掌权后，新的党小组如雨后春笋般大批涌现，财务主管人员的流动性非常大。

1933年纳粹党的掌权为纳粹党及其组织内部的反腐斗争带来了棘手难题。在160万“3月烈士”（即在1933年初拥入党员队伍的人，他们在1933年5月就占到了全部党员的三分之二）中，有不少见风使舵和形迹可疑的人，哪怕是有经济犯罪前科的人也很快顺畅无阻地爬到权力很大的岗位。在纳粹党及其下属组织机构中，有贪污前科的财务主管虽然不是大多数，但也绝非少见。国家警察机关在每月的形势报告中指出，党在挑选“行政官员”时“不够审慎”，尤其是没有要求应聘者出示警方开具的没有前科的证明。1934年10月，亚琛警察局在一份地区形势报告中指出，在10名被控贪污的NSBO[①]出纳人员中，“有8人有较为严重的犯罪前科”。在汉堡，因贪污党产而被判刑的人当中，大多数有相应的前科。

---

① 即国家社会主义企业单位组织（Nationalsozialistische Betriebszellenorganisation），纳粹党控制的工人组织，类似于工会。

社会民主党流亡理事会的报告指出，纳粹组织内某些犯有前科的人在一个单位犯下贪腐罪行，然后为了躲避侦查就逃之夭夭，随后又混入另一个单位，再次贪赃枉法。当时民间有句流传很广的话，描述的就是这种怪现状："没有两次贪污或诈骗前科的人，当不了财务总管。"直到 1937 年之后，贪腐案件的数量才慢慢减少。

除了党员数量无法控制的暴增之外，纳粹党掌权还有另外一个伴随现象，同样促进了纳粹党组织内部的腐败。在消灭工会和左翼党派的过程中，纳粹党人没收了大量的"国家公敌财产"，这些财产只有一部分被有秩序地控制起来，往往就不受监管地被党员们自行分配了：冲锋队员们在冲击工会办公室时将钱箱洗劫一空，纳粹党新闻企业将社会民主党报业的设施和机器占为己有，甚至有些工人体育或文化协会的财产也神秘地流入了纳粹党人的秘密小金库。1936 年，帝国财政部长试图在事后将被没收的"国家公敌财产"收归国有，但无功而返。"1933 年没收敌产时的具体情况使得我们几乎完全无法将这些财产以行政手段控制起来。"帝国财政部驻汉堡办公室作了这样的简短说明。

腐败的恶劣影响在德意志劳工阵线和"国家社会主义人民福利行动"中显得特别突出，这两个组织内部的贪污、诈骗和其他腐败行为发生得特别频繁。不仅是社会民主党流亡理事会的报告，国家警察机关的每月报告中也特别提及了"国家社会主义人民福利行动"和德意志劳工阵线的腐败情况。仅仅在柏林，这两个组织内每个月就有 2.5 万至 3 万帝国马克被贪污。这两个组织是滋生腐败的绝佳温床，因为它们是在纳粹党掌权后才兴建起来的，很快就膨胀为超大规模的巨无霸,其成员数量远远超过纳粹党员的数量。例如,在 1942 年,德意志劳工阵线拥有 2 510 万成员,而“国家社会主义人民福利行动”在 1943 年的成员总数达到约 1 700 万。这两个组织发生了爆炸式的增长,选择工作人员的过程自然不可避免地非常仓促了。于是,在一些有影响力的岗位上常常出现形迹可疑之人。

同时,“国家社会主义人民福利行动”和德意志劳工阵线通过会员费、捐款以及合并企业,操控着高达数十亿马克的巨额财产。例如,德意志劳工阵线仅在 1942 年就吸纳了 6.77 亿帝国马克的会员费。它控制着一系列形形色色的企业,包括保险公司、房地产公司、建筑公司、出版社及印刷厂和零售商店等。“国家社会主义人民福利行动”则通过各种募捐活动——比如“德意志人民冬季救济行动”——获取了数十亿帝国马克。仅仅“德意志人民冬季救济行动”每年就能吸纳几亿帝国马克的捐款,在战时甚至达到国民总收入的百分之一。

这些捐款对于纳粹组织的很多成员来说是个难以抵御的诱惑。“国家社会主义人民福利行动”在战时管理和分配的食品和紧缺商品同样也是香饽饽。但贪污和中饱私囊的行为不仅限于普通工作人员和义务的募款人员,在“国家社会主义人民福利行动”的高级官员中更是特别猖獗。“国家社会主义人民福利行动”的很多省级和县级领导人因为腐败行为败露而不得不辞职,并接受法律制裁。下面的腐败案件清单并不完整,但足以说明问题:

“国家社会主义人民福利行动”柏林省部领导人理夏德 · 梅勒因贪污受贿被判处四年监禁。他侵吞了组织收到的捐款,还收受了一名建筑师的贿赂。这名建筑师承担着“国家社会主义人民福利行动”的建设工程,还希望获得该组织的顾问建筑师职位。梅勒的一位前任,同时也是“国家社会主义人民福利行动”的创始人,帝国国会议员卡尔·施皮沃克则卷入了一起涉及汽车采购的腐败案。“国家社会主义人民福利行动”柏林省部财务主管埃米尔·魏斯滥用职权,从省部的仓库低价购买西服面料和金戒指,被判处一年监禁。“国家社会主义人民福利行动”全国总部财务主管卡尔·亚诺夫斯基侵吞了本应发放给空袭受害者的救援食品物资,也被判刑。他的兄弟威廉·亚诺夫斯基是“国家社会主义人民福利行动”石勒苏益格—荷尔施泰因省部领导人,还曾担任“国家社会主义人民福利行动”全国主席兼“最高指挥官”埃里希·希尔根菲尔特的私人助理,因为同一罪行甚至被处以极刑。“国家社会主义人民福利行动”总部高官埃里希·武尔夫长期把“德意志人民冬季救济行动”证章的印刷业务交给柏林的一家公司,得到的回报是这家公司旗下的一处赛马马厩。在科隆、耶拿、哈默尔恩、希尔德斯海姆和维也纳,都发生了“国家社会主义人民福利行动”分部和县级领导人侵吞供应给伤员和国防军医院的特别储备物资的案件。在哥廷根、德累斯顿、萨尔茨堡和威悉明德,“国家社会主义人民福利行动”县级领导人因腐败被判刑;梅克伦堡的“国家社会主义人民福利行动”省部组织部长因贪污落网;索林根的“国家社会主义人民福利行动”县级领导人因为伪造汇票而被逮捕。

除了上述腐败分子之外,还有很多“地区小组领导人”和“德意志人民冬季救济行动”地区代表贪污了“国家社会主义人民福利行动”和“德意志人民冬季救济行动”的公款。比如在杜塞尔多夫,就有多达7.5万帝国马克被贪污。考虑到真正被提起诉讼的案件只是冰山一角,那么“国家社会主义人民福利行动”整体而言必然是个极度腐化的泥沼了。

德意志劳工阵线的情况也很类似,一方面是财务管理非常混乱和腐败,另一方面是它下属的企业也屡屡发生腐败案件。数量众多的贪污会员费的案件(按照社会民主党流亡理事会的说法,在纳粹党的所有组织中,德意志劳工阵线的贪污会费案件是最多的)主要是个人单独作案,而德意志劳工阵线所属企业内的腐败则体现出了纳粹精英阶层关系网的腐化堕落。正如前文所述,纳粹体制内的私人联盟关系建立在赠礼和物质赞助的基础之上,其资金不仅来自国家财政,甚至还来自对纳粹组织的财政的肆无忌惮的挪用。这种行事方式的典型例子是德意志劳工阵线所属的建筑企业、社会建设企业协会有限责任公司(VsB)和德国建设股份有限公司(Deubau),它们是从原先属于工会的建设企业改编来的。德意志劳工阵线所属建筑企业的经营政策非常原始,但很有效:

为了从政府和党组织那里获得建设工程业务,德意志劳工阵线所属企业会系统性地向纳粹“运动”的达官贵人们赠礼和行贿,这种手段不仅仅是为了获得业务,也是在打点关系,以强化德意志劳工阵线在纳粹体制内的地位。操办这些行贿活动的主要人物是德意志劳工阵线的临时主管安东·卡尔。一方面,他与来自慕尼黑地区的很多党员同志颇有私交;另一方面,他有着盗窃、贪污和腐败的七项犯罪前科。仅在1936/1937年间,卡尔花在行贿上的钱就超过了58万帝国马克。

卡尔的受贿者包括“阿道夫·希特勒警卫旗队”的指挥官，党卫军上将赛普·迪特里希。卡尔给迪特里希献上了金烟盒、猎枪、丝绸衬衫和领带，安排迪特里希的妻子去意大利旅游，还赠送了画作等很多东西。每年11月9日的纳粹党节庆日，卡尔都会大摆筵席，盛情款待“警卫旗队”的官兵。作为回报，德意志劳工阵线所属建筑企业得到了改建“警卫旗队”在柏林—里希特菲尔德的兵营的合同。

德国旅游业联合会主席、老党员、已退休的州部长赫尔曼·埃塞尔将在柏林建造“德国旅游业之家”的业务交给了社会建设企业协会。埃塞尔从安东·卡尔那里得到的回报是，以区区9万帝国马克的优惠价买到了位于柏林—万湖的一所价值17万帝国马克的住房。就连这9万帝国马克，也是德意志劳工阵线下属的德意志劳工银行以优惠条件给他贷的款。另外，这所住房的装潢和改建花费了5.6万帝国马克，这笔钱也是德意志劳工阵线承担的。

还有其他很多纳粹高官通过这种物美价廉的方式置办了房产，其中就有纳粹党全国领袖兼“总理府幕僚长”菲利普·布勒，以及希姆莱的参谋长，党卫军中将卡尔·沃尔夫。布勒只花了5.6万帝国马克就买到了一座位于因河畔努斯多夫的价值9.7万帝国马克的乡村别墅，而沃尔夫的位于泰根湖畔罗塔赫—埃格尔恩的地产价值14.2万帝国马克，他则只花了4.16万。

接受德意志劳工阵线贿赂的还有党卫军少将克里斯蒂安·韦伯，他担任慕尼黑县议会主席、纳粹党议员和“国家社会主义运动之都”的“经济委员”。韦伯被人称为“慕尼黑的福斯塔夫[①]”,算是最腐化的纳粹党人之一。他的“克里斯蒂安·韦伯盛宴”穷奢极侈,光是慕尼黑市政府就为此支付了1 000万帝国马克。韦伯让德意志劳工阵线临时主管卡尔掏钱,给他的宅邸建造了一个“狩猎纪念品陈列室”和一个“男主人书房”,还给慕尼黑—里姆的跑马比赛捐献了一座银奖杯。尽管韦伯收入颇丰——作为县议会主席,他能从慕尼黑市政府拿到7.2万帝国马克;经济委员的薪水是7万帝国马克;从希特勒那里拿到5万帝国马克的赠礼;从慕尼黑市政府还能领取25 300帝国马克的“荣誉奖金”——但他居然让卡尔来支付自己宅邸“修理电铃导线”的区区1.5帝国马克!韦伯的所作所为很有代表性,富丽堂皇的外表和中饱私囊的贪欲竟与极度的吝啬如影随形。他对德意志劳工阵线临时主管作了这样的解释:“今天的国家,是我参与建设起来的。那么国家就相当于我自己的公司,因此大可以坦然地接受礼物。”

引人注目的是,被卡尔买通的政府大员中还包括希特勒身边最亲信的人,比如御用摄影师海因里希·霍夫曼、冲锋队高级领袖威廉·布吕克纳和党卫军上将尤利乌斯·绍布。这些人是跟随希特勒鸡犬升天的扈从的核心,他们的主要功能是在希特勒滔滔不绝地长篇独白时做他的陪衬和听众。霍夫曼、布吕克纳和绍布也收受了卡尔的礼物,比如地毯和金烟盒。霍夫曼对此感激涕零,为了报答,他把即将建造“德国旅游业之家”的计划透露给了德意志劳工阵线

① 莎士比亚的剧本《亨利四世》和《温莎的风流娘儿们》中的喜剧形象。福斯塔夫是贪杯又好斗的冒险家和道德败坏的酒色之徒。

临时主管,还极力促成后者去拿到这个项目。

如果没有德意志劳工阵线的高官,如德国建设股份有限公司总裁约瑟夫·比歇尔、德意志劳工阵线财务总管保罗·A. 布林克曼,尤其是德意志劳工阵线所属企业领导人兼“德意志劳工银行”总裁维尔纳·博尔茨的知情、协助与积极鼓励,卡尔的这一切交易都是不可能办成的。本应负责对德意志劳工阵线所属企业的经营作风进行监管的“德国经济监管与信托有限责任公司”却成了腐败的保护伞,因为这个监管者与企业领导人都有私交,而且人事安排上互相照应,于是该公司的监管职能仅限于对年度决算进行检查。

“德意志劳工银行”在这个腐败泥沼中占据着中心位置,银行总裁博尔茨提供了多达28.5万帝国马克,专门用于行贿和打通关节。在其他时候,这家银行对政府领导人也特别慷慨大方,正如希特勒的副官之一弗里茨·维德曼在其回忆录中写到的:

> 一天,一位在帝国剧院工作的年轻女士找到我,说她欠了2 000马克的债。她想找银行贷2 000马克,应付一下债主;用她的月薪还贷,只要一年就能轻松地还清。我对她说:“您去德意志劳工银行看看。据我所知,他们就是干这个的。”但德意志劳工银行的领导层表示,除非有银行担保,他们不能向这位女士发放这种贷款。这倒是无可厚非。过了几天,银行却派来一个特别代表来找我,热情洋溢地向我解释:“非常抱歉,我们没能帮上您送来的那位女士的忙。但我们给您另外一个建议:不如这样,上尉先生,您在我们这儿贷款2万马克,其中

2 000 马克交给那位女士。那么您手头还剩 18 000 马克，您肯定是用得上的吧。您不是有个奶牛场吗？用钱的地方还是有的。每逢圣诞节，我们就给您开具收到还贷 1 万马克的收据，那么您两年时间就算把贷款还清了，然后就可以再贷一笔！”我不敢相信自己的耳朵，于是问道：“什么？”德意志劳工银行的这位代表有些不耐烦地把建议重新说了一遍，并向我保证，这是司空见惯的做法。他说了其他几位享受过银行此种服务的先生的名字，并责备地补充道：“元首是知道这个事情的，也同意这么办。”

享受过这种神奇的圣诞礼物的“其他几位先生”包括希特勒的副官布吕克纳和绍布——这个小圈子就这么几个人——他们在 1935 年圣诞节分别收到了 2 万帝国马克的“莱伊博士的礼物”。党卫军准将海因里希·赫夫利希、准将马克斯·施梅勒以及上校奥托·赖希都用过德意志劳工银行的优惠贷款。对于“阿道夫·希特勒警卫旗队”的指挥官，党卫军上将赛普·迪特里希，德意志劳工银行是特别的孝顺。1934 年，银行向迪特里希贷款 5 万帝国马克，帮助他购买位于巴德萨罗夫的一座别墅，这个数字相当于这座别墅的购买价。1935 年圣诞节，迪特里希收到了莱伊的礼物：已还贷 2 万帝国马克的凭证。1937 年，迪特里希对这座宅邸没了兴趣，于是以 10 万帝国马克 (也就是当初购买价的两倍) 的价格将别墅卖给了德意志劳工银行。迪特里希自己一分钱没花，仅仅靠买卖这座别墅就赚了一大笔钱。

德意志劳工阵线的出纳员哪怕是贪污了一点点钱也会被移交法庭,而政府高官们却在希特勒和莱伊的许可下疯狂敛财,而这财富的最终来源还是纳粹各组织内缴纳会员费的广大会员。因此,纳粹组织内部的腐败在道德上有着双重标准,这再一次清楚地证明,希特勒身边环境中的关系网是多么腐化堕落和纠缠不清。

狩猎、别墅、劫掠艺术品：纳粹精英阶层的生活方式

“在统治了九年之后，领导层已经极度腐化，甚至在战争的关键阶段也不肯放弃自己已经习惯的骄奢淫逸的生活方式。为了‘扬威’，他们全都需要豪门广厦、狩猎小屋、地产宫殿、前呼后拥的扈从、摆满山珍海味的餐桌、储藏高档葡萄酒的酒窖。”军备部长阿尔伯特·施佩尔在其回忆录中如此描绘纳粹领导层的生活方式。施佩尔于1935年购置的位于柏林—施拉赫滕湖的住房仅有125平方米，而帝国的其他高级领导人几乎无一例外地住着“宏伟别墅”和“宫殿”，在那里“过着极尽奢华的生活”。施佩尔本着“当时流行的理想主义的奉献精神”，决定放弃自己做建筑设计的报酬，却被戈林认为是不可理喻：“您这想法完全是胡闹。有钱怎么能不挣呢！”

不仅是在回忆录中，早在1945年接受盟军审讯时，施佩尔就将纳粹领导层的很大一部分描述为“腐化堕落”。尤其是省部书记们“生活过于奢侈”，“给人民做出了非常恶劣的样板”。

这位军备部长，同时也是希特勒最钟爱的建筑师，对纳粹统治阶层的奢侈生活方式描述得非常准确，而他的自我标榜——谦逊的

"理想主义者",富贵不能淫,不可腐蚀,甚至看到希特勒给情人爱娃·布劳恩暗地里塞装钱的信封也会感到不舒服——却非常值得怀疑。

施佩尔在1932年的全年收入仅1 660帝国马克,到1943年申报时就达到了211 933帝国马克。他收入的大部分并非部长薪金,而是他的副业——建筑设计。按照帝国财政部的特别指令,他作为建筑师的收入所得是不需要纳营业税的。"柏林—中央"财政局的局长在1945年之后证实,由于享有免税特权(这种特权仅被保留给纳粹党的高级领导人),施佩尔每年就避税达1.5万至2万帝国马克。在第三帝国初期,施佩尔不算富裕,但在很短时间之内,他的生活水准以及收入和财产状况就发生了急剧变化。根据他自己的申报数字,他在1940年的私人财产为142.3万帝国马克。除了家境富裕的帝国部长冯·里宾特洛甫之外,没有任何一位帝国部长或者纳粹党的全国领袖拥有像施佩尔这么多财产,或者说,没人向财政部门申报个人财产时报出了这么高的数字。

1941年,施佩尔一家搬进了柏林列支敦士登林荫道的一座新房子。他在施拉赫滕湖的第一所住房的建造费用仅为7万帝国马克(这是他自己提供的数字),但这座新房子仅仅是改装就花了1 673 631帝国马克。一年后,新官上任的军备部长在奥德布鲁赫购置了一块地产,他为此设计了一座骑士城堡般的庄园,称为"老朗福特"别墅,庄园的宏伟奢华真实地反映了施佩尔当时狂妄嚣张的自我认识。为了让施佩尔的庄园地产能够连成一片,戈林于1943年3月赠送给他一座至少有100公顷的森林。这座森林其实是普鲁士州的公有财产,但它被转让给了施佩尔私人所有。根据帝国财政部国务秘书弗里茨·莱因哈特的特别指令,国家对这次财产转让既没有征收馈赠税,也没有课以收入税。这座森林的课税标准价格至今不明,因为施佩尔对 1944 年 1 月 1 日财政部门发出的个人财产申报文件置之不理。假如我们相信他自己的说法,他在 1933 年还是个谦逊而颇具理想主义的人,那么在后来的岁月中,他就毫无忌惮地滥用职权,狂妄自大地享受特权了。这位军备部长绝不是第三帝国腐败的统治集团圈子外的人,而是这个集团的典型代表。

帝国人民教育与宣传部长约瑟夫·戈培尔博士也用类似的伎俩积攒了一笔可观的财富。1932 年,戈培尔还是柏林省部书记,根据他自己的申报,年收入仅有 619 帝国马克。到 1943 年,他的总收入就高达 424 317 帝国马克,其中约 30 万帝国马克是他给《帝国》报纸撰写每周社论所得的稿酬,是从埃尔出版社领取的。他作为部长的年薪仅有 3.8 万帝国马克,与之相比,稿酬高得实在离谱。这当然不是他写社论得到的报酬,而是埃尔出版社及其社长马克斯·阿曼巧立名目,给戈培尔的献金。和宣传部长搞好了关系,阿曼也获益匪浅,到 1944 年时已经控制了全国报业市场的将近 80%。

尽管戈培尔的每周社论并没有给部长大人造成什么成本,但他还是让财政部门把他收入的 20% 划归免税的经营开支。根据柏林一中央财政局的负责官员的计算,戈培尔这么一来就把大约 40 万帝国马克的钱划入了免税范围。

戈培尔在 1933 年还没有什么拿得出手的私人财产,但很快就在搜罗豪华地产方面表现出特别的天赋。帝都柏林的市长尤利乌斯·利珀特强迫万湖的施瓦嫩维尔德岛上一座别墅的犹太业主，女医生夏洛特·赫兹，将别墅以11.75万帝国马克的低价卖给柏林市政府。1936年3月，戈培尔从柏林市政府手中买下了这座别墅。土地登记册上的户主名字就是宣传部长本人。1939年，戈培尔在经济上遇到了一些困难，于是将这座别墅以18万帝国马克的价格转手给工业家阿尔弗雷德·路德维希，但仍然继续使用别墅，没有向路德维希交纳一分钱的房租。戈培尔以类似的手段将邻近的一座房屋卖给了德国环球电影股份公司，但仍然免费使用这座房屋。环球公司甚至还承担了房屋的维修保养费用。

宣传部长在朗克/下巴尼姆县的伯根湖还有一座住宅。1936年，柏林市政府将这座房屋交给戈培尔终身免费使用，但当然没有将地产权利转让给他。后来，戈培尔花了220万帝国马克，将这座宅子进行了奢华的扩建。1940年4月1日，柏林市政府又将邻近的210公顷森林的终身使用权交给戈培尔，并允许他在森林土地上修建房屋。根据约定，戈培尔在森林土地上修建的房屋的产权属于柏林市政府；如果宣传部长不再使用森林，将由一个评估委员会对他修建房屋的开支做出评估，由柏林市政府对他进行补偿。

尽管戈培尔并不享有房屋的产权，他还是在1940年10月通过“非正式”约定，将房屋卖给了考修信托有限责任公司(这是一家国有的电影公司)。考修公司同样也给了他这座房屋的终身居住和使用权。戈培尔这么做真是一石数鸟。他将并不属于自己的房产卖给了他下属的一家企业。他可以一分钱不掏就使用两座豪华宅邸——分别是施瓦嫩维尔德岛上的别墅和朗克的那座，同时还通过出售房产赚了一大笔钱,这些利润其实是投机获利,理应缴纳收入税,但他也没有缴税。另外,按照帝国财政部的指令,戈培尔还享有一项税务特权,即每半年缴税一次,并且可以延期,而不是正常规定的那样,每季度缴税一次且必须提前缴纳。

最后,戈培尔看中了第三座住宅,是维也纳的魏德灵根的一座宫殿,位于维也纳森林风景特别秀丽的区域,周围是广阔的公园。按照屡试不爽的老办法,由环球电影股份公司买下这座宫殿,改建完毕,然后交给戈培尔免费使用。按照设想,戈培尔将以德国艺术,尤其是德国电影的恩主的身份,在这里接见艺术家们,也就是电影的创作者。至于在后来战事吃紧的情况下,这个计划有没有实现,我们就没有相关的资料了。

我们在上文描述了纳粹统治阶层的腐败,之所以把戈培尔和施佩尔作为例子,恰恰是因为他们两人在纳粹统治者圈子里一向以清廉著称,与"文艺复兴式纵情享受生活的人"赫尔曼·戈林形成了对照。在第三帝国时期,戈林的骄奢淫逸就已经是大众的日常话题,也是很多笑话的材料。戈培尔和施佩尔都智力过人,精明强干,远远超过纳粹官员的平均水平。他们能够攀升到这么高的位置,不仅仅因为他们是纳粹圈子的老同志;他们虽然都对希特勒无比地忠诚和仰慕,但仍然拥有独立判断的能力。他们都曾严厉地批评其他纳粹官员的腐化行为,施佩尔在战后的论述和回忆录中都写到了这一点。戈培尔在日记中则指责某些省部书记"像帕夏们一样"专横跋扈、穷奢极欲。而他们的税务特权、利用公职购买土地、毫无顾忌地滥用职权以及装点门面的欲望 (这欲望只有用更大、更奢华的宅邸才能满足)，在纳粹统治集团内部显然已经非常普遍，在戈培尔和施佩尔的眼里根本不算是腐败，而是司空见惯的行为，根本不会让他们产生负罪感。于是，逃税变成了习以为常的事情，纳粹领导人把这当作是理所当然的特权。很快，纳粹领导人的个人习惯和基本态度也发生了变化。对魏玛共和国所谓的“官僚腐化统治”最严厉的批评者很快自己也变成了事实上的腐败统治者，而且腐化程度是史上从未有过的。

纳粹领导人用来居住和炫耀的宅邸，比如希特勒的贝格霍夫别墅和戈林的位于绍夫海德的狩猎庄园，在第三帝国初年还只是一般规模，在后来就发展成了气势恢宏的豪宅。光是将“卡琳堂”狩猎庄园改建为“帝国元帅”赫尔曼·戈林的豪华宅邸的工程就花了德国纳税人超过 1 500 万帝国马克。卡琳堂的年度管理费用就高达 47.5 万帝国马克，其中四分之三由帝国政府承担，四分之一由普鲁士州政府买单。另外，戈林在东普鲁士的罗敏腾还有一座“帝国狩猎庄园”，在柏林的帝国航空部庄园有一座别墅，在上萨尔茨堡有一座“阿尔卑斯别墅”，在佩格尼茨的诺伊豪斯拥有费尔登施泰因城堡，还有五座狩猎庄园，分别在波美拉尼亚、达斯、尼登、东普鲁士的派特河畔，还有国王湖。

“帝国元帅”在旅行时可以动用一列豪华专列，专列长期运载着十辆汽车和一个面包房。车厢内部装潢使用的是最昂贵的高级木料。仅仅戈林居住的两节车厢就花了国家财政 132 万帝国马克，这还不算布置和陈设的开销。1937 年，德意志全国汽车工业联合会赠送给当时担任普鲁士州总理的戈林一条游艇“卡琳 2 号”，其建造成本为75万帝国马克。戈林收藏的艺术品——有的是别人赠送的，有的是买来的，但很大一部分是掠夺来的——包括1 375幅画作、250座雕塑和168幅壁毯，总价值达到好几亿帝国马克。

为了避税，戈林向财政部门巧妙地隐藏自己的巨额财产，在1940年的财产申报中仅仅给出了21.6万帝国马克的数字。1943年，他给出的数字仅为4万帝国马克。柏林—中央财政局的官员对这些数字感到不可思议，企图进行查询，但都被帝国财政部国务秘书弗里茨·莱因哈特挡住了。莱因哈特向官员们做出指示："不得对戈林在税务申报中给出的数字做任何调查。"戈林作为普鲁士州总理的年薪为15 795帝国马克，纳税则仅有190帝国马克。

第三帝国的几乎所有达官贵人都享受着这样可耻的避税特权。公众几乎不可能知道这些情况，因为帝国财政部在1937年和1939年发布了指令，只有柏林—中央财政局和慕尼黑—北方财政局两家单位才有权处理各位帝国部长及纳粹党全国领袖的税务。为了避免更多人知情，在某位权贵去世之后，他的档案也不会被移交给其居住地的财政局，他的遗孀的税务档案也将改由柏林和慕尼黑的财政局处理。

为了获得更多财产，纳粹权贵们丝毫不避讳犯罪手段。1939年8月，希特勒命令将位于萨尔茨堡省的弗歇尔宫赠给外交部长冯·里宾特洛甫，作为"避暑宅邸"，好让部长在上萨尔茨堡附近有座豪华宅邸。弗歇尔宫的原主人古斯塔夫·雷米茨伯爵，在奥地利与德国合并之后，被当作所谓"恶毒而活跃的敌人和损害国家社会主义运动利益的凶徒"逮捕，投入达豪集中营。为了"补偿雷米茨先生在萨尔茨堡造成的破坏”,他的宫殿及其全部家产被首先转交给奥地利地方政府,然后又转移给帝国外交部长名下的“弗歇尔宫基金会”。冯·里宾特洛甫对通过暴力手段剥夺他人财产的做法并没有丝毫顾忌,只是命令“慈悲为怀”,给雷米茨男爵的女儿一笔象征性的补偿金。为了把弗歇尔宫的地产连成一片,外交部长后来又吞并了邻近的很多地产。这些地产的原主人在外交部的信函中被称为“受到神父最丑恶煽动的黑僧侣”,不得不忍气吞声地离开家园,接受外交部长的地产交换条件。外交部长装点门面的瘾到了无以复加的程度,甚至在弗歇尔宫周围建造了一条两公里长的“湖畔林荫道”,以便“在室外也能不受打扰地谈话”。

纳粹统治阶层奢华的生活方式也扩展到了党的地区性领袖当中,尽管很多省部书记起初自视为党的“社会主义”传统的捍卫者,表现得比较亲民和平易近人。但渐渐地,他们也越来越倾向于用富丽堂皇的外表来突出自己在纳粹权力等级体系中的地位,并象征性地显示出自己对有价值资源的支配能力。

东普鲁士省部书记埃里希·科赫在这方面也显得特别突出。他在1940年将过去的波兰地产克拉斯内扩建为豪华庄园。在战时,私人的建设工程受到很大限制,后来被完全禁止,而科赫仍然雇用了约400名建筑工人,按照自己的计划对克拉斯内进行翻新。仅仅内部装潢(其中的瑞典大理石是要用外汇购买的)就花了150万帝国马克。为了布置宴会大厅,科赫从赫尔曼·戈林那里购买了一块价值60万帝国马克的地毯。结果后来发现,地毯的尺寸比大厅要大,于是科赫命令将大厅全部拆除,按照地毯的尺寸重建。庄园的各个房间装点着大量艺术品,都是科赫以乌克兰事务帝国专员的身份从基辅、哈尔卡夫、波尔塔瓦和兰贝格的博物馆“借”来的。

对纳粹党的很多全国领袖和省部书记来说,装饰奢华的庄园和豪宅是自恋式自我装扮的核心标志。纳粹党的暴发户们就用这些东西来模仿贵族的风采,享受着自己的权力带来的好处。弗兰肯省部书记尤利乌斯·施特莱彻的普莱克斯霍夫庄园和德意志劳工阵线的全国领袖罗伯特·莱伊的罗特兰庄园都是明证。按照莱伊的传记作者罗纳德·斯迈尔瑟的说法,罗特兰庄园是“莱伊的腐化和狂妄自大的具体象征,也表现出了他取得高贵的社会地位的努力”。

1935 年,莱伊购得了罗特兰庄园,随后命令将建筑物全部拆除,以更宏大的规模重建,并用珍贵的画作装点房间。他的庄园经理提出的改建方案还比较适中,遭到了莱伊的全盘否定:“您的建议还不错,如果我还是当年那个小小的莱伊的话,就会同意。但我已经不是当年的我了。我在这儿必须要有美丽的东西、美丽的建筑。有一天元首会亲自来庄园,看看我的私人产业。如果我在这儿搞得小家子气、缩手缩脚,如果我不把这次重建弄成国家社会主义繁荣昌盛的象征,他会怎么说?”

按照这段极具启发性的谈话的精神,莱伊对自己的产业进行了奢华的扩建,不仅是为了突出自己在纳粹等级体系中的地位,以及在元首面前争面子,更是为了用盛大壮丽的表现形式夸耀国家社会主义的强大。对纳粹党的权贵们来说,这些言论要比他们同时还在做的另外一项努力——用“大杂烩星期日”[①]之类的活动拉拢民心，做出简朴和亲民的姿态——要典型得多。

梅克伦堡省部书记弗里德里希 · 希尔德布兰特曾经是个农业工人，他特别努力地通过自己的庄园来炫耀自己新近获得的政治和社会地位。他购置哈格诺县的葛斯洛庄园只花了象征性的价钱，而且是通过一种典型的手段，即滥用自己作为弗里德里希—海因里希土地基金会理事会主席的职权。

很多省部书记和纳粹高级领导人对狩猎的热情，无疑也是因为他们把传统上只有特权阶层才能享有的狩猎特权与贵族生活方式联系了起来。私人的优秀猎区 (可以邀请朋友和恩主们来游乐) 是纳粹精英阶层最重要的身份标志之一。除了“帝国狩猎大师”戈林之外，东普鲁士省部书记科赫也是突出的代表，他同时在四个森林管理辖区内拥有独家狩猎权。

1942 年初，纳粹党中央办公室主任鲍曼在一次内部讲话中对很多官员打猎热情的蔓延提出了警告，并引用了某位省部书记的报告：“这位省部书记还告诉我，情况非常可怕，在各省部书记会议结束后，很多书记回到酒店，整个晚上，甚至一直到深夜，除了可恶的打猎之外，居然没有第二个话题！谁要是想插嘴谈点政治话题，根本办不到。这位省部书记强调说，如今很多负责的国社党干部究竟在政治工作上花多少时间，某些党员同志在打猎上又花多少时间，

① 纳粹党自 1933 年 10 月发起“大杂烩星期日”活动，号召群众每年 10 月至次年 3 月期间每个月有一个星期日只吃“大杂烩”(德国的一道传统菜)，将节约下来的钱捐献给“德意志人民冬季救济行动”。目的是团结群众、节约脂肪和油类 (在当时，这些原材料常需要用外汇进口) 并救济贫民。

简直令人难以置信!”

省部书记们追求和装配自己的私人猎区的热情和执着到了什么程度,可以从汉堡省部书记卡尔·考夫曼的例子中窥到一斑。这位酷爱打猎的书记面临着一个难题:他管辖的区域其实只有一座城市,既没有大面积的森林,野生动物数量也不值得一提。1937 年 1 月,根据《大汉堡法案》,城北的一片较大的森林,即所谓的杜文施泰特沼泽森林,被整体划归汉堡州所有,于是考夫曼感到,给自己搞一个私人猎区的机会来了。他先是将杜文施泰特沼泽森林规定为自然保护区,从此以后普通群众不得入内,然后用市财政的钱建造了长十一公里的栅栏,将这个地区围了起来,放养了一批马鹿和黇鹿,最后让汉堡市财政局以优惠价格将整个地区出租——租给了他自己。

纳粹精英阶层的生活方式还包括如痴似狂的艺术品收藏活动。按照美国历史学家乔纳森·彼得罗普洛斯的说法,这不是因为他们真的热爱艺术,而是由于“个人和集体的自恋”,因为陈设在显眼位置的“古代大师”名画能够彰显其所有者的富裕和权势。这方面就能看出希特勒在纳粹统治集团至高无上的地位:几乎所有纳粹领导人都唯命是从地效仿他那种重古薄今的艺术趣味;在每年“大德意志艺术展”的“采购闲逛”上,元首总是享有优先购买权;对掠夺来的艺术品的支配也明确地属于元首的专有特权。希特勒光是“古代大师”名画就拥有五千多幅。筹备中的位于林茨的“元首博物馆”一旦落成,能够展出的艺术品数量将是巴黎卢浮宫的四倍。

希特勒自视为命运不济的艺术家。他的收藏热情也是上行下效。很多纳粹党人大量收购画作、壁毯和雕塑,以便对自己的官邸和私宅进行豪华的装点。不少艺术品是没收来的犹太人或者“敌人”财产。在占领区活跃着“全国领袖罗森堡行动参谋部”、“君斯贝格特别指挥部”这样专业的艺术品掠夺组织,它们的战利品通过复杂的途径进入纳粹党人的收藏。仅戈林一个人就通过这种手段侵吞了数百幅画作。到 1949 年 3 月,盟军的被掠夺艺术品收集中央办公室就记录了 249 683 件艺术品。

一方面是腐败的侵吞手段,一方面是大多数艺术藏品暧昧不清的地位。它们既装点着纳粹领导人的官邸,也装饰着他们的私宅。用来购买艺术品的资金往往既有国家财政,也有私人资金,或捐款,以及可疑的私人特别基金。用国家财政的钱买来的画作常常被轻易送人,于是就变成了私人所有。这种礼物要显示出主人的权势和高雅的生活方式,但最主要的还是加强纳粹统治集团内部的关系。因此,希特勒不仅从下属那里收受艺术品礼物,也向他人赠送艺术品,以收买人心。

这种附庸风雅行为的一个奇怪方面是,甚至连马丁·鲍曼和罗伯特·莱伊这样的雇用兵一般的大老粗也购买了大量艺术品,因为他们要对希特勒亦步亦趋、上行下效,而且深知艺术品收藏在纳粹权力体制中作为身份象征的重要意义。希特勒似乎想要讽刺下属附庸风雅的行为,于是在罗伯特·莱伊生日时赠送给他一幅汉斯·格吕茨纳的画作,这幅画与德意志劳工阵线全国领袖的本性及其公众形象倒是颇为相符。这幅画的标题是《狂饮的僧侣》[1]。

---

① 罗伯特·莱伊是有名的酗酒狂徒。

“土匪省”和“丑闻西亚”

在从 1939 年起被德意志帝国吞并或占领的地区，德国人到来没多久，腐败现象就猖獗起来，这是丝毫不奇怪的。1944 年，帝国刑事警察当局抱怨称，“这些地区发生了大量腐败案件”，并认为这些地区“发生腐败现象的风险”与“老帝国”相比要“严重得多”。对于德国占领区统治框架内腐败的发展，有三个互为条件、互相推动的主要因素：

首先，纳粹帝国政府将占领区的群众——尤其是在东欧——按照种族标准分为三六九等，其政策的目标在于将“敌对的”和“低贱的”民族剥夺财产，乃至消灭肉体。根据纳粹的种族政策和灭绝政策，在占领区内，巨额财产被掠夺和聚集起来，德国官员可以相对轻易和不受监管地控制这些财产，于是德国占领当局的很多成员就用这些外国财产中饱私囊。同时，主要是占领当局的高级领导人，摆出一副种族主义的“主宰种族”姿态，骄横跋扈、装腔作势。另外，在被德国占领的苏联领土上，德国的政策是，作战部队应当“就地取食”，于是德国国防军的士兵和单位就大肆劫掠和征用民财。

其次,占领当局的组织结构也对腐败有鼓励和纵容的影响,因其结党营私、任人唯亲的现象非常严重。占领当局的官僚机构比较简单,缺少正常的责任义务,工作方式主要是非常规的,因此与“老帝国”的机关相比,更不必害怕监管。占领当局的首要任务是冷酷无情地执行纳粹政策,比如种族政策,同时还要对占领区进行经济剥削。主要在东欧,普遍的现象是一种“专制主义的殖民政府”,它残酷地统治着被剥夺了权力的群众。而殖民政府的人员往往是些有着黑历史的人。所以,宣传部长戈培尔把东欧占领区描述为安置在帝国境内失意受挫的官员和军官的“垃圾堆”。

最后,一方面是自我标榜为“主宰种族”的、不受限制和监管的统治集团,另一方面是没有任何权力、任人宰割的被统治者,这两方面结合起来,特别能够滋生腐败。腐败是统治者和被统治者之间少有的几种互动途径之一,因为除了被剥削之外,被统治者对统治者几乎完全没有用处。同时,德国占领当局无节制的剥削也迫使被统治者去黑市获取生存所需的物品,也将数量巨大的物品送到黑市出售。占领当局会以极高的价格将这些物品买下,以保障德国战争经济所需的物资和原材料。占领当局不仅把这种黑市经济视为不可避免之事而对其容忍,甚至对其加以大力推动,因为非常规的统治关系和暧昧不清的局势给他们提供了做利润丰厚的黑市买卖、从中大捞一笔的良机。因此,帝国刑事警察当局确认,黑市经济“几乎是受到欢迎的”,“因为它提供了一个机会,让人们绕开严格的和具有约束性的规定,以‘慷慨的方式’行事”。于是,占领区成了冒险家和投机商的乐园,这些人利用晦暗不清的形势大发横财。这些现象在被占波兰领土和“波兰总督区”特别猖獗。党卫军的一名法官将波兰比作“腐败、投机买卖……的泥潭,甚至最高层的官员也在这泥潭里打滚”。

统治着波兰总督区的汉斯·弗兰克就是腐化的占领区权贵的典型代表。早在1935年,弗兰克还大声疾呼要大规模地严惩官员的腐败和“道德沦丧”;到了波兰总督区,他自己却大搞任人唯亲,过着骄奢淫逸的生活。驻波兰总督区的党卫军和警察高级指挥官,党卫军上将弗里德里希·威廉·克吕格在1943年指责弗兰克“虚荣自负”,并讽刺地将弗兰克造成的影响作了如下概括:“帝国部长弗兰克博士至今一直认为,他的主要任务是,通过富丽堂皇的外表,向帝国、向他属下的德国人和他治理下的外国人彰显自己炙手可热的权势。”克吕格是弗兰克的死对头,他说的话或许不可信。但就连弗兰克自己也毫不掩饰。1942年3月,他对帝国总理府的幕僚长汉斯·海因里希·拉默斯说,他认为,“只有配得上帝国威严的堂皇外表才能维持住当局的权威”。他继续说道:“只有真正的主宰者才能在东欧坐稳江山。但对这些主宰者,就不能让他们生活得像寒酸小市民一样,而是要让他们过得光辉灿烂。我们将来的伟大的世界帝国全境,都应当是这个样子。”

弗兰克除了在慕尼黑和柏林拥有房产之外,在波兰总督区还有四座宅邸,其中包括克拉科夫的王宫、华沙的美景宫和克热绍维采的波托茨基宫,他用缴获和掠夺来的艺术品对这些豪宅进行了奢华的装点。这些艺术品也不都是来自波兰。为了在西欧占领区收购艺术品,弗兰克特意从他的行政财政中拨款,由党卫军准将卡耶坦·米尔曼来调用,他是纳粹党人的一名专业的艺术品劫掠者。对弗兰克来说,公私财产之间根本没有界限。为了装点门面,他维持着一个巨大的皮草及其他货物的仓库,其中的物资都是没收来的,或者是用公款购买的。波兰总督及其家人,以及他的幕僚人员,都从这个仓库中获取奢侈品,供私人使用。仅弗兰克的夫人就拥有一大批皮草衣物,包括波斯羔羊皮、伊朗大尾羊皮、海狸皮、麝香鼠皮、白鼬皮的大衣,鼹鼠皮和白鼬皮夹克,以及至少十件银狐和蓝狐皮披肩。弗兰克的供货商包括华沙的犹太人事务理事会,他们被迫给弗兰克送了一支金笔,给弗兰克的夫人送了皮毛大衣,给弗兰克的小姨子送了金手镯和钻石戒指等。

总的来讲,波兰总督区简直就是弗兰克的家族产业。总督任命他的内弟马利安·拜尔为高级财产经理人和全权代表,掌控着十一家波兰纺织厂。拜尔对这个任命感恩戴德,在没有配给证的情况下将大约3 000米的布料送给了总督及其家人,还有高级官员和军官。弗兰克的任人唯亲主要体现在,他把自己在国家社会主义法律捍卫者联盟(NSRB)[①] 的很多熟人和朋友安排到了波兰总督区的重要岗位上。驻波兰总督区的党卫军和警察高级指挥官对此大加挖苦:“弗兰克博士把总督区看作是‘法制国家’,在这方面,倒一点不假,因为的确是完全由法律界的人在统治。”

总督区的国务秘书约瑟夫·比勒博士是弗兰克当年工作过的律师事务所的同事。拉多姆区长的职位被弗兰克送给了德国法学院的前任院长卡尔·拉施博士。1941 年 9 月,纳粹党最高法庭确认

① 即纳粹德国的法律工作者联合会。

拉施有着“严重的人格缺陷”,并且“在有私利可图的时候很容易逾矩越规”。拉施任职期间闹出了一连串的腐败丑闻。比如,他给自己在国家社会主义法律捍卫者联盟的同志、学术界朋友和德国法学院的成员安排了财产经理的肥差,作为回报则收到了很多“捐款”,用来扩建他的官邸,并建造一座旅馆。拉施还和其他区长,比如华沙区长路德维希·菲舍尔,大搞实物交易,每次都转手大量的生咖啡和地毯。最后,甚至在官场普遍腐败的波兰总督区,拉施也算搞得太出格了,丢了乌纱帽,还被告上了布雷斯劳特别法庭。1942年6月3日,拉施在狱中自杀。他治理下的加里西亚区(Galizien)被“帝国德国人”[①]讥讽地戏称为“丑闻西亚”(Skandalizien)。“波兰总督区”(Generalgouvernement)的缩写“GG”成了“土匪省”(Ganster-Gau)的同义词。总督弗兰克则因为奢侈成瘾而被人们取了一个绰号“迟到的斯坦尼斯劳斯”,因为这个角色总是以拉丁文“Salve”(你好!)问候他人,而德文中“全世界投机商,联合起来!”[②]这句话的首字母缩写也是Salve。宣传部长戈培尔则在日记中称弗兰克为“波兰国王”。

波兰总督区的腐败绝不仅限于总督身边的统治者小圈子。在占领当局的中下层,比如县长这一级,也有众多的贪官污吏,他们把自己的辖区当作自己的私人领地,不是在管理,而是在统治。保安警察抱怨称,在背景五花八门——比如来自国防军、占领当局、经济界和法律界——的帝国德国人中,构建起了一张晦暗不明的关系

① 指来自帝国本土的德国人,相对于来自境外的德裔而言。

② 戏仿《共产党宣言》的名句:全世界无产者,联合起来!

网。这张关系网根本不受外界的影响,于是“必需的监管完全不存在,给腐败的发展提供了良机”,而与此同时,刑事警察部门人手不足,根本无力应付这种超乎寻常的腐败现象。一家经济审计公司的组织部长声称,政府机关的工作人员“上班时间的很大一部分”用来“寻找捞钱和特别配给物资的机会”,以及做黑市买卖。占领当局的很多工作人员雇用了所谓“家庭犹太人”或“庭院犹太人”,也就是给他们做家务以及帮他们跑腿、寻找紧缺物资的犹太人。保安警察部门认为,“德国人对紧缺物资的肆无忌惮的贪婪”是催生腐败的一个重要因素。占领当局的一部分工作人员认为自己“有义务”摆出主宰种族的样子来,“以最凶神恶煞的方式制造丑闻”,欺侮和压迫当地群众,尤其是在商店里对当地人“以最难以置信的方式大呼小叫、动手殴打”。

保安警察部门对占领区的腐败状况的批评非常值得注意,但是他们并没有把腐败和政府的体制原因联系起来。驻波兰总督区的党卫军和警察高级指挥官对腐败作了很多批评,却只是指责一切都是他的死对头弗兰克总督的错,并利用这些腐败丑闻来扩大党卫军在波兰总督区体制内的影响力。更荒诞的是,还有人从种族主义角度进行解释,认为德国人的腐败是受了“异族”的所谓不健康影响:“遗憾的是,德国人在波兰总督区没有能够维持住内心的坚强,保持德意志的忠诚,而是在物质主义的波兰—犹太生活方式腐蚀下堕落了。”

如果我们对波兰总督区的边界之外做一番审视,就会发现,几乎所有形式的腐败——尽管程度不同——在东欧和西欧的其他占领区同样存在。波兰总督区的党卫军对总督和占领当局的腐败大加嘲讽,而其他地方的党卫军却中饱私囊,摆出“主宰种族”的不可一世的姿态,并且过着骄奢淫逸的生活。有时恰恰是党卫军和警察高级指挥官们陶醉于自己的权势中,肆无忌惮地摆出暴发户的丑态。在前线的后方执行大屠杀任务的特别行动队、党卫军和警察指挥官,以及秩序警察司令官几乎全都有自己的小金库和特别基金(资金来源是没收来的“敌产”),并经营着自己的补给和采购机构,花着动辄上百万的资金,在全欧洲收购贵重的家具陈设、地毯、艺术品等,以便让党卫军和警察单位过上奢华的生活。

帝国审计总署抱怨道:“特别是警察的高级官员,狮子大开口,一定要花着帝国的公款,在敌国境内过上和平时期的安逸生活,尽管家具陈设要从几千公里外的帝国本土运来,或者在占领区要花上天价才能买得到。”例如,C 特别行动队的指挥官,党卫军少将马克斯·托马斯命令在基茨比厄尔采购卫浴设施,然后运到他位于日托米尔的指挥部。驻基辅的党卫军“俄国—南方”经济专员在法国南部的戛纳花了 100 万帝国马克,将一所旅馆的全部设施买下,以便装潢位于南俄的党卫军军官、士官和女职员的宿舍。尽管有现成的宿舍,驻基辅的秩序警察司令官还是命令建造了一个包括十二座住房的街区,并用地毯等物品做了豪华装潢,每块地毯的价格就高达 1.1 万帝国马克。

驻里加的秩序警察司令官也大兴土木,建造了奢华的指挥部。他命令“除了中央暖气系统外还要建造烟囱,要有一流的镶木地板,墙壁要挂台毯或铺瓷砖,窗户要有玻璃画”。另外他还给自己建造了“一间路易十四风格的双人卧室”，作为“警戒驻地”。驻罗斯托夫的秩序警察司令官在1942年底订购了装满23节火车车皮的贵重服装和设备，刚运到罗斯托夫，就落入了苏联红军手中。有些党卫军和警察指挥官以及秩序警察指挥官(如驻第比利斯党卫军和警察高级指挥官、驻贝格弗克尔秩序警察指挥官、驻北高加索秩序警察指挥官)从来没有去过自己的辖区——因为德国国防军从未征服过这些地区——但仍然花费了数百万帝国马克。

党卫军和警察单位的生活奢侈富丽，帝国东欧占领区事务部的“扈从们”也不甘落后。例如，哈尔科夫和克里米亚的“建设指挥部”就购置了摩托艇和马匹，要从遥远的荷兰一直运到俄国。

占领区腐败的一个核心现象是对所谓敌产的侵吞。这些财产一方面流入了数量众多的小金库和特别基金，另一方面则被交给各种托管机构进行管理经营。形形色色的特别专员、特别代表、物资采集经理人和托管公司组成了一张晦暗不明的大网——纳粹体制的混乱结构在这里也得到了体现——成了腐败的最重要来源之一。“我们自己也搞不清楚，哪些机构是政府机关，哪些从属于政府机关，或者隶属于类似机关的事业单位，或者还是在战场上游弋的大群自私自利的鬣狗。”帝国财政部的一个办公室向部长什未林·冯·克罗西克伯爵作了这样的报告。在占领区，私营企业遍地开花，按照帝国财政部长讽刺的说法，“这些企业的创造性主要体现在工资高得离谱”。财产经理人和代表往往能拿到“童话般”的高工资，因为他们不受现存的工资标准的限制。1942年7月的一份报告称，帝国东欧事务专员辖区下属的一家设在里加的财产托管公司“首先购置了10辆汽车,其中8辆的总价值约3万马克,还有一辆梅赛德斯奔驰汽车(价值不详),另外一辆是阿尔法·罗密欧,价值12 500马克”:

> 公司的管理委员会主席的官邸造价高达1.3万帝国马克。但是没有任何财产清单。高级职员月薪为1 500至2 000马克,女职员的月薪是300马克或更高,平均起来,每个帝国德国人的月薪不低于700马克。这比一名行政专员或者重要岗位的较高级官员的工资高得多。委员会的6名成员的月薪在1 100至2 500马克之间,虽然他们在1941年的工作时间很短,但还是能拿到550至1 000马克的圣诞节过节费,很多人每月还有200马克的补助金。……这相当于国务秘书的收入水平。……某家公司的临时主管只工作了5个月,在离职时还拿到了2万马克,这得到了省部书记的批准。……因此毫不奇怪,这家财产托管公司的开支达到了收入的30%左右。员工薪酬占到了全部开支的47%,委员会主席一个人的薪水就占到了全部开支的26%。总资产高达几亿帝国马克,总收入的25%就这样被挥霍掉了。

1939年被并入德意志帝国的但泽—西普鲁士、瓦特兰和上西里西亚地区的波兰人和犹太人财产被没收后交给了东欧托管总局管理。关于总局的活动,“信托管理,喂肥自己”这句话已是路人皆知。东欧托管总局不仅给员工开出了丰厚的薪水,还给他们机会以优惠价收购企业。东欧托管总局驻卡托维兹的主管、纳粹党省部经济顾问阿图尔·雅各布博士收购索斯诺维茨钢管与铁器厂的价格只相当于这家企业实际价值的60%,而且还不算企业名下的地产。东欧托管总局的高级职员,其中包括总局在但泽—西普鲁士省的主管瓦尔特·洛伦茨博士,多年来一直在没有配给证的情况下做纺织品的黑市生意。

东欧托管总局的金库对很多组织和个人来说都是极受欢迎的金钱来源。例如,利兹曼施塔特的政府副主席瓦尔特·莫泽博士的住房改建费用(31.2万帝国马克)就是用东欧托管总局的钱支付的。驻波森的党卫军和警察高级指挥官让东欧托管总局付给他30万帝国马克,以报偿所谓"党卫军的服务"。驻卡托维兹的盖世太保从东欧托管总局收到10万帝国马克,却没有解释这笔款项的用途。但泽—西普鲁士省部书记阿尔伯特·福斯特也拿到了10万帝国马克,为的是感谢他"在东欧托管总局的权力生效前安全地保障了波兰财产"。

有鉴于这种制度化的中饱私囊,帝国财政部长什未林·冯·克罗西克伯爵在1942年敲响了警钟。他在一份通报中写道:"东欧地区向帝国索要越来越多的补助,而不是向帝国输送盈余,或者至少将东欧地区与帝国本土的物价落差造成的收益缴纳给帝国政府,以按照元首的精神,帮助偿付德国战争债券的利息,并帮助还清债务。管理帝国财产的公司的高工资和高开销,以及不同经济领域内的建设,都在很大程度上给德国纳税人造成了负担。"

一方面是腐败和侵吞"敌产"以中饱私囊,另一方面是为构建豪华威武的外表而造成的巨额开销,使得帝国从占领区榨取的油水大大减少，因此，纳粹党人的掠夺政策被证明是与他们建立的统治体制无法共存的。

黑市也对帝国的利益造成了损害，过高的价格给帝国带来了很大的成本。黑市交易在所有的占领区都有，但在东欧和东南欧占领区特别猖獗。之所以出现黑市，不仅是因为德国人毫无节制的剥削、物资的匮乏以及当地人的阻挠破坏策略（当地人逃避上缴物资的任务，而把物资拿到黑市上倒卖），还因为占领当局的成员、国防军、警察，以及在占领区运营的德国企业也在大力从事黑市买卖。

德国邮政部门的外国信件检查局在 1943 年的一份秘密报告就体现出了这一点。几个月内，外国信件检查局拆阅了在乌克兰的德国企业的员工寄给“老帝国”的亲属的数千封信。结论是明白无误的：

“很大一部分写信人之所以对在乌克兰的工作感兴趣，唯一的原因就是实物交易。”外国信件检查局的报告对“东欧鬣狗”（指的是占领区的德国企业员工和民政机关工作人员）的批评是非常严厉的，很有说服力地描绘了占领区的乱象——腐败几乎无处不在：“只有通过贿赂、腐败和严重的管理混乱，才有可能大规模地开展实物交易。‘大宗货物’被偷偷夹带在公务车辆内。整个火车车厢的货物在运输工作人员和铁路职员的帮助下，被运往帝国。运输押运人员是特别热门的‘红人’，能够收到大量贿赂。……这些交换商品和运往帝国的物资往往是贪污来的。有人写信说，食品配给证发放处的一个熟人帮了忙。一家肉类制品公司的经理天真地说，他的营业额还太小，还‘攒不下多少钱来’。……这些信件发誓赌咒地说，乌克兰遍地是黄金,要不了多久就能发大财。‘你一夜之间就能变成富婆。’平头百姓则向家里写信说,他们已经‘挣’了几千马克。有的人想用在乌克兰挣的钱在老家买房买车。暴发户们给老婆买了珠宝和珍贵的皮草。”

一方面,占领区的德国工作人员贪污国家财产,拿来做非法交易,把国家管制的物资大肆倒卖;另一方面,他们的所作所为也加剧了占领区受到的剥削,因为他们在黑市交易中常常用劣质商品交换贵重货物。尤其是东欧占领区几乎成了“帝国的旧货市场”,什么样的东西都被转手。1943 年,驻俄国中部和白俄罗斯的党卫军和警察高级指挥官抱怨道:“党卫军和警察单位的人员让家人从帝国本土寄来货物,然后以天价卖给俄国人,这种情况愈演愈烈。”乌克兰的情况让一位观察家想起了“白人殖民者与黑人的‘交易’,以及用玻璃珠换象牙”的史实。

很多证据表明,在占领区,腐败不仅仅是男性的特权。女性以不同的身份,如占领当局的行政人员、国防军隶属人员、“国家社会主义人民福利行动”工作人员、党卫军助手、集中营看守等,也在搞着五花八门的腐败交易。无论是女性的工作环境还是私人家庭,都受到了腐败的污染。正如波兰总督夫人的大量皮草说明的那样,纳粹党和党卫军干部的妻子们(她们往往就住在丈夫的工作地点)也从腐败中获益:“她们用集中营犯人做用人,对其进行剥削。她们参与到在所有集中营泛滥的腐败经济中去。她们掠夺占领区的犹太人,住在没收来的房屋中,把犹太人的家具陈设和衣服据为己有。”在腐败的问题上,女性的行为方式与男性没有本质区别;两性之间最大的不同在于活动空间的差异，女性接触到相应资源的机会比较少。

不仅是占领当局的中下层，甚至政府、党和国防军的高层人员也卷入了黑市交易。华沙煤气公司经理沙伊尔曼将一千多吨的焦炭弄到黑市上，以官方价格的十倍批发出去。纳粹党全国高级领袖兼柏林省经济商会副主席卡尔·普罗策在波西米亚—摩拉维亚保护国从事黑市交易，特别是收购家用电器，然后大肆倒卖。同样还是在波西米亚—摩拉维亚保护国，布拉格电影股份公司总经理、冲锋队中队长卡尔·舒尔茨多年来一直在收购食品、高档享受用品以及纺织品，然后转手给“老帝国”的朋友和熟人。他的买家包括很多电影公司的经理，其中包括环球电影股份公司的总经理、帝国文化院的一位部门领导、帝国电影事务顾问冯·莱希迈斯特，以及帝国宣传部的部级领导希普勒和常务次官菲舍尔。

在位于汉堡的第10步兵军临时司令部，形成了一张走私大网，大规模地从法国走私葡萄酒和烈酒，以“国防军物资”的名义将其不交关税地运入帝国境内，转手给军官赌场，或者卖给平民，谋取暴利。参与这桩生意的包括一名少将、两名中校和一名纳粹党的地方领导人。

虽然戈林以四年计划专员的身份正式地禁止了黑市交易，但由于种种原因，他的命令收效甚微：具体执行打击黑市任务的外汇保护指挥部没有足够的人力，而且没有办法对付占领当局。况且，他们自己也在搞黑市买卖——有时是在戈林的直接授意下——因此自己也没有什么公信力。不仅在东欧，西欧占领区的德国公务人员的腐败现象也很严重,他们搞黑市交易来捞外快,因此能够过上“他们的公务员工资无论如何负担不起的”(戈林的特别代表约瑟夫·维尔秦斯上校如是说) 奢侈生活。

与德国官场的混乱和纳粹体制的山头林立类似,数量众多的不同机构在黑市上也努力保障自己独占的收入来源,对现有的禁令置之不理,贿赂当地的黑市商人。这些机构的收购商有时会互相竞价,把物价抬高。例如,仅帝国青年事务部一家单位,在 1943/1944 年,且仅在波西米亚—摩拉维亚保护国一地,就有 634 名批发收购商在活动。党卫军全国领袖海因里希·希姆莱虽然一再指示,要严格执行禁止黑市交易的命令,并要求“不折不扣地正确执行这些命令,做出榜样来”,但党卫军仍然在黑市上大规模地收购物资。比如,柏林的帝国保安总局警卫连和在东欧的特别行动队都配备了从荷兰搞来的黑市物资。

这种纳粹政权特有的双重道德标准挫败了有效打击黑市及其固有腐败现象的全部努力。黑市屡禁不绝,越反越腐,不仅仅是因为很难在纳粹体制中建立有效的监管机制,还因为黑市的体制原因,首先是由于德意志帝国欲壑难填的需求和现实中物资紧缺之间的矛盾。

集中营系统与腐败

第三帝国的腐败的典型元素在劳改营、战俘营和集中营系统也很普遍，尤其是集中营，几乎是整个腐败体制的缩影。集中营发生严重腐败的最重要的结构原因早在纳粹统治初年就已经出现了，一个个集中营被作为不受外界监管的隔绝空间建立起来：集中营既不受普通行政机关管辖，也不听从传统政府当局的领导，因此集中营的财务完全不受国家财政监管体制的影响，况且集中营完全不受司法部门的控制，与公众之间也是隔绝的。

集中营系统及其统治原则的最具代表性的体现就是党卫军的集中营，它对犯人拥有“绝对权力”(索夫斯基语)。尽管从理论上说，集中营也有指挥体系和大量的规章制度，但它几乎是独立运作，内部人士通过朋党之交、施恩提携和门阀派系来互相保护，逃避外界的制裁，因此官僚体制的监管对集中营“系统性地丧失了效力”。而对于犯人来说，实物交易和系统性的贿赂则是他们生存斗争的基本因素。甚至对于维持集中营的秩序，秘密的实物交易也是必不可少的，比如集中营规定必须有符合规章的衣服，如果犯人的帽子丢失或被偷,就必须想办法重新弄一顶。虽然通过贿赂犯人头目和党卫军看守,犯人能够得到一些优待和暂时的条件改善,但集中营内部的权力关系和地位等级制并无改变。

虽然集中营系统并非恒久不变的统治机制,而是在第三帝国期间经历了功能转变——比如纳粹统治早期的保护性监禁集中营就和后来在东欧的灭绝集中营迥然不同——但五花八门的集中营仍然有着相似的腐败诱因。在纳粹统治下的任何一座集中营中,犯人都不享有建立在正常基础上的、有保障且可实施的权益地位,而集中营领导层则没有受到任何有效监管机制的控制。

除了集中营的结构特征之外,指挥官和看守人员的选拔和招募也造成了腐败。比如,萨克森堡集中营的指挥官亚历山大·赖纳原先是但泽的党卫军旅级大区领袖,在1934年由于腐败和从事黑市买卖而被"贬黜"到集中营系统来。他这样的恶劣背景是很典型的。早期集中营的看守人员往往是无业的纳粹党活跃分子和街头打手,他们的特点是既残暴野蛮,又贪婪腐化。集中营事务总监特奥多尔·艾克在给党卫军全国领袖海因里希·希姆莱的一封信中写道,达豪集中营的第一批看守人员是"120人的腐败警卫队",最突出的特点就是"贪污腐化"。犯人进入集中营时带来的贵重物品以及其家属寄来的钱和包裹都会被看守私吞掉。党卫军看守利用犯人来"搜罗"物资,来满足他们的私人需求,还利用集中营的现有设施,比如木工作坊,来为自己打造家具陈设。关于里希腾堡集中营的一份报告指出,"绝大部分看守都肆无忌惮地中饱私囊,不这么做的人是极少数,而且越来越少"。

欧根·科贡以布痕瓦尔德集中营为例,生动地描绘了党卫军在犯人供养下的"好吃懒做的生活"。处在腐败中央的是能够直接控制财务和物资的管理干部,他们充分利用这种影响力很大的职位,去侵吞贵重物品,并建立自己的小金库。尤其是党卫军的食堂管理部门——"举世无双的腐败巢穴"——系统性地贪污犯人的金钱,侵吞食品,并在集中营外大搞黑市买卖。大多数党卫军干部都将他们领导下的用犯人做劳动力的工坊如雕塑作坊、照相室、印刷和装订车间、菜园等的货物和产品当作自己的私人财产。就连党卫军全国领袖希姆莱也不例外,他利用达豪集中营所属的阿拉赫瓷器厂的产品,在党卫军干部们的重要生日、婴儿降生或圣诞节等场合,向他们赠送陶瓷人偶("党卫军旗手"、"战士")、咖啡器皿、"儿童条饰烛台"①、"圣诞节灯"等礼物。犯人劳动的产品是希姆莱的家长式赠礼仪式的重要基础。

既然党卫军全国领袖都认为利用犯人的劳动成果没有什么不妥,那么集中营指挥官们自然也把这当作天经地义了。当然,并不是所有的集中营指挥官都可以被称作腐败分子,最典型的腐化指挥官有三位:汉斯·洛里茨、阿历克斯·皮奥尔科夫斯基、卡尔·科赫。

汉斯·洛里茨于1936至1939年担任达豪集中营指挥官,1940至1942年担任萨克森豪森集中营指挥官。他无论是在集中营内,还是在外界,都过着骄奢淫逸的生活。比如,萨克森豪森集中营的防空洞里设有一座"日耳曼式的啤酒酒窖"、两条保龄球道和一套打

① 当时的慕尼黑艺术学院的特奥多尔·凯尔纳教授于1942年设计了一种烛台,上面带有环绕的儿童图案条饰。希姆莱用这种烛台作为礼物,赠送给有第四个孩子出生的党卫军成员。这是为了鼓励生育。

靶设施，以便让指挥官大人在躲避空袭期间消遣。党卫军内部把这些设施称为“游乐场”。洛里茨命令囚犯在沃尔夫冈湖畔圣格尔根给自己建造了一座豪华别墅。当年的一位犯人就此报告称：“洛里茨享受着自己的地位带来的所有好处。他让人从萨克森豪森集中营向圣格尔根送去了四辆卡车的炼砖和木材。有犯人为他创作油画；犯人给他编织了大约60幅地毯；还给他制作皮制灯罩、洗衣篮、桌子、编织沙发、带白银装饰手柄的镇纸、精美的牙签；另外还有三扇窗户的铸铁栅栏，光是这个就让四名犯人干了两个半月。”

洛里茨在达豪集中营的继任者之一，阿历克斯·皮奥尔科夫斯基，也在圣格尔根搞了一处原属于犹太人的房产，尽管维也纳的盖世太保已经将这座房屋没收，如果要卖给皮奥尔科夫斯基的话，需要帝国财政部长的批准。在这起非法交易上，皮奥尔科夫斯基可以仰仗他在党卫军的同志，萨尔茨堡省部书记兼党卫军少将古斯塔夫·阿道夫·谢尔的帮衬。谢尔把这件事情摆平了。在达豪任职期间，皮奥尔科夫斯基特别以投机倒把和黑市买卖闻名。这座集中营成了倒卖食品、收音机和艺术品的交易中心，占据核心地位的就是“达豪食堂团体”。

卡尔·科赫是最腐败的集中营指挥官之一，他于1937至1942年领导着布痕瓦尔德集中营。1938年11月，近1万名犹太人被押送到布痕瓦尔德，科赫利用这个机会侵吞了这批犹太人的金钱和贵重物品，将其存储在特别账户和小金库内。仅这一次他就侵吞了至少20万帝国马克，其中一部分分给了他的亲信。犯人亲属寄来的钱被当作“罚金”或“捐款”扣留；汽车、摩托车和其他贵重物品通过“赠送过户”手续易主。对科赫中饱私囊的罪行知情的犹太人都被灭口，有的是“在逃跑过程中”被击毙，有的是被注射苯酚而死亡。

在1942年的一次大规模人事变动中，大约三分之一的集中营指挥官被替换，前文所述的三名指挥官洛里茨、皮奥尔科夫斯基和科赫也丢了乌纱帽。腐败虽然是很多指挥官被撤职的原因之一，但不是决定性的原因。更重要的是，集中营的功能发生了变化，转换为利用犯人为战争经济服务。经历过“斗争年代”的老指挥官们不再适应这一新职能，因为他们的领导作风就是残暴、腐化和酗酒。另外，腐败不是将这些人撤职的理由，而是因为，这些指挥官的豪华别墅和黑市买卖过于张扬，有将集中营的秘密暴露给公众的危险。

如果仅仅是腐败这么一项罪名，是不足以将一名集中营指挥官撤职的。一个典型例子就是1941年的“科赫案”，当时负责调查此案的是驻富尔达—维拉的党卫军和警察高级指挥官瓦尔德克—皮尔蒙特世子[①]。如果科贡的说法属实的话，世子自己也是个腐败分子，因此这个案子的根源还是党卫军干部之间的明争暗斗和利益冲突。世子在对布痕瓦尔德集中营的账目进行审查后，为了防止科赫毁灭证据，于1941年12月将他逮捕。但在奥斯瓦尔德·波尔（后来的党卫军经济与行政总局局长）干预下，科赫又被释放。解救科赫的不仅仅是党卫军内部的朋党之交，还因为世子逮捕科赫的行为冒犯了党卫军其他领导的管辖权。波尔马上力挺科赫，并在给他的

① “世子”，原文Erbprinz，是指旧时德国诸侯的继承人，与Kronprinz（国王和皇帝的继承人，即太子）不同。在中国汉朝时期，诸侯王的正式继承人亦称“太子”。汉以后，诸王的正式继承人改称“世子”，与德文的Erbprinz颇为贴切。

信中“义愤填膺”地写道:“如果再有一个失业的法学家将他刽子手的贪婪魔爪伸向您无辜的纯洁身躯,我一定会全力保护您。”

就连党卫军全国领袖希姆莱起初也把科赫救下了火线,并于1942年任命他为卢布林—迈丹尼克集中营指挥官。但科赫在新岗位上仍然不争气,没有切实负起上级托付给他的责任来,因此对党卫军来说失去了价值——比如,他未能阻止苏联战俘的一次大规模暴动——于是,党卫军和警察司法部门重新启动了针对科赫的调查。1943年8月,科赫再次被逮捕;1944年底,他被判处死刑;1945年4月初,他在布痕瓦尔德被枪决。

调查科赫案的主管机构是1943年秋季新建的“党卫军和警察特别法庭”。党卫军法官康拉德·摩根博士很快将调查扩展到其他很多集中营,按照他自己的说法,将5名指挥官和200名党卫军军官与士兵判了刑。如果没有希姆莱撑腰,这么大规模的调查是不可能成功的。在党卫军全国领袖看来,腐败行为危及了党卫军的道德准则,阻碍了他在党卫军内部将大屠杀和“正直”和谐起来的努力。按照他的逻辑,如果一名大屠杀凶手在杀人时完全是无私地执行自己的义务,而不谋求私利,那么他也可以说自己是个正直的人。但与此同时,希姆莱从来不会让他自己的这种道德观牵着鼻子走,而是同样考虑实效和权力政治方面的因素,因此他对反腐调查的态度显然是摇摆不定的。但雪崩般大爆发的众多腐败案件也清楚地证明,希姆莱扭曲的意识形态的“正直”观念完全脱离了党卫军的实际。

卡琳·奥尔特在对党卫军集中营的研究中指出,“正直”的观念建构对一部分集中营指挥官来说,是他们的自我认识的一个核心部分。正是由于将自己与科赫这样的腐化指挥官划清界线,他们才能忠于希姆莱的理想,更加坚决果断和冷酷无情地按照党卫军的世界观基本原则行事。这是毫无疑问的,尽管这种"正直"形象的背后隐藏着一种事后的自我粉饰。在1945年后的调查和审讯过程中,党卫军人员的这种自我涂脂抹粉是一种辩护策略,起到了很大作用。但即便用希姆莱观念中的"正直"的指挥官来取代科赫这样的腐败高官,也仍然无法根除集中营中的腐败,因为腐败的体制原因仍然存在。因此,丝毫不奇怪的是,党卫军法官摩根在1944年6月,也就是腐败的指挥官皮奥尔科夫斯基被撤职两年后,在达豪集中营调查时发现了"数量巨大的来自意大利的劫掠物资(布料、肥皂、食品和享乐用品)",这些物资"被大规模地偷窃和倒卖"。尤其是集中营管理人员贪污食品的行为导致犯人出现了灾难性的营养不良,这在很大程度上导致了使用奴隶劳工的企业利润极差。

在战争的后半期,东欧的死亡营中的腐败猖獗到了让此前"老帝国"的所有集中营都黯然失色的地步。比如,在奥斯维辛,犹太犯人刚刚抵达就遭到腐败的警卫和党卫军军官的无情洗劫,珠宝、手表、黄金、货币和外汇都被大规模地侵吞。或者,例如在索比布尔集中营,犹太人甚至在死后还要被警卫们加以"利用",谋取私利。这些警卫私自建立了一个秘密的金匠铺,将犹太人的金牙熔化并打成金条,塞入集中营管理人员的腰包。希姆莱的那种扭曲变态的"正直"观没有改变集中营腐败的体制原因,这些原因不仅在集中营中,在其他的劳改营、战俘营等地方也很有影响。

犯人毫无权益,管理人员权力过大甚至没有丝毫限制,以及缺少外界监管,这三个因素在“劳动教育营”也是普遍现象。这些劳改营是盖世太保的特别营地,与外界完全隔绝。于是管理人员就能随意截留犯人的财产(包括现金),装进自己的腰包,用于私人用途,而丝毫不担心受到处罚。在外籍劳工营里也有着各种各样的腐败和中饱私囊行为,尤其是食品被贪污,外籍劳工不得不忍饥挨饿。与集中营相比,外籍劳工营的唯一区别就是,警卫机制不是那么严格和复杂,因此管理人员的贪污腐化使得部分外籍工人能够得到一些自由空间,这在集中营里是不存在的。

3

反犹与腐败

前页图：1938 年 11 月 9 日“帝国水晶之夜”后，遭到打砸抢的犹太人商店（图片来源：Bundesarchiv, Bild 146-1970-083-42 / CC-BY-SA）。

汉斯·赖希曼一直到1939年初还在柏林担任德国犹太公民中央委员会法律顾问。1939年初夏,也就是在伦敦流亡期间,他撰写了一份关于他在纳粹德国经历的紧急报告。他详尽描写了犹太人不得不面对的无孔不入的腐败现象。赖希曼写到,有的党卫军高级干部向犹太人收取"酬金",帮助后者将资金偷偷输往国外;有的警察署长向犹太人索要"捐款",才肯向他们发放护照;纳粹党的有些经济顾问借"雅利安化"之机大发横财。最令人触目惊心的是,腐败行为不仅限于纳粹官员,下层公务员也"被腐败的魔鬼抓住了":

> 这个国家破坏了自己的一块基石:它腐蚀了自己的公职人员。犹太人遭到的劫掠,终有一天会以雅典悲剧的标准得到复仇。掠夺犹太人的国家让自己的公职人员也犯下了罪孽,享受劫掠来的财富,这样的国家必将灭亡,因为它的公职人员已经道德沦丧,毫无礼义廉耻。……我的一个熟人卷入了一起关于外汇的刑事案件。让人意外的是,他很快被释放了。"你花了

> 多少钱去打通关节？”这句老百姓的口头禅标志着曾经很干净的德国现在已经脏成了什么样。“从5马克到5万马克不等。从狱警到最高机关，全都收了钱。”

汉斯·赖希曼的描述表明，在纳粹政权隐秘地剥夺犹太人权力、消灭其经济基础、强迫其移民、最终是驱逐[①]和谋杀的所有过程中，始终都伴随着纳粹统治下典型的五花八门的腐败行为。其实官方发布了连篇累牍的规定和命令，要求“依法”处理犹太人问题，严禁个人和机构借此机会中饱私囊。这就使得迫害犹太人过程中的腐败更值得注意。

戈林以四年计划专员的身份与副元首联合发布命令称，“将犹太人逐出德国经济生活”完全是“国家的任务”，必须“严格依法”执行，其收益的“唯一去向应当是帝国财政”。纳粹党总财务官施瓦茨也发布命令，禁止纳粹党的所有官员和机关借迫害犹太人之机——比如在“移交”犹太人企业时——收受金钱，并禁止党组织以任何形式参与赢利的经济行为。党卫军全国领袖海因里希·希姆莱更是慷慨激昂地威胁，党卫军人员一旦违反有关法律规定，“在接收犹太人财产”时谋取“不合法的利益”，必然对其严惩不贷，绝不姑息。除了这些命令外，各省部书记也发布了自己的命令，比如巴登省部书记罗伯特·瓦格纳就禁止“党组织和党的干部”收购犹太人财产，萨尔茨堡省部书记弗里德里希·赖纳甚至完全禁止党的所有“官员”参加“雅利安化”。

---

① 纳粹所谓的“驱逐”，其实是指押往集中营。下同。

这些三令五申恰恰说明,政府只能掌控到犹太人财产的一部分。由于诸多个人的中饱私囊以及党及其领导人的利益要求,帝国的财政和外汇政治利益受到了挑战。一方面,权力和体制影响力的问题一直与对犹太人财产的支配权联系在一起,这首先影响了党和国家的关系。另一方面,很多反犹活跃分子,尤其是纳粹党及其组织内的人,一心要从犹太人财产中分一杯羹,而不愿意让帝国政府独吞这些财产。他们认为自己在“斗争年代”做出了“牺牲”,现在革命成功了,他们理应得到战利品的一部分。甚至在纳粹党掌权后不久,很多党员就已经采取了个人的行动,去争夺他们认为属于自己的东西。

在下文中,我们将从三个不同的重点主题的角度,更细致地分析迫害犹太人过程中的腐败的规模和意义:反犹暴力行动框架内的个人的中饱私囊行为;“雅利安化”进程中的体制化的和“疯狂”的腐败;最后是腐败在纳粹“灭绝政策”中的意义和功能。

反犹暴力和个人的中饱私囊行为

纳粹党夺权阶段的反犹恐怖活动不仅包括对犹太人的暴力袭击，还从一开始就包括对犹太人的物质掠夺。纳粹宣传并不认为这些财产是理应得到尊重的私人财产，而是从意识形态角度将其描绘为“招摇撞骗来的”和“抢来的人民财产”。纳粹宣传煽动起来的仇恨和嫉妒究竟到了什么程度，可以从奥托·瓦格纳的言辞中窥得一斑。瓦格纳在1933年担任纳粹党的经济政治部门领导，甚至在1945年之后还用《冲锋队员》[①]的煽动风格为反犹主义辩护。他说：“成千上万的德国人被犹太人压榨剥削，财产被榨干，沦为高利贷的奴隶，因此自寻短见。我们想想这些受害者，再看看那些腰包鼓鼓的犹太人和他们的婆娘，她们将偷来的首饰和受害者用血汗换来的珠宝戴在自己肮脏的手指和又短又粗的肥手上。”

这种仇恨的宣传让人没了道德上的顾虑，再加上政治权力给了人自信，于是很多纳粹活跃分子早在1933年2月就开始“搜罗

① 《冲锋队员》是尤利乌斯·施特莱彻于1923年创办的反犹宣传报纸，以恶毒攻击犹太人和情色内容著称。它并非纳粹党的官方报纸，而是施特莱彻的私产。施特莱彻是激进的反犹主义者，甚至曾经指责希特勒对犹太人过于宽容。

战利品”。在汉堡,冲锋队员们借助伪造的搜查令劫掠犹太人房屋内的首饰和金钱,殴打犹太社区的代表人,专横跋扈地要求这些代表人交出保险箱钥匙。有的冲锋队员企图用恐吓信来敲诈犹太人。在慕尼黑,抢劫犹太人的主要是党卫军人员,他们还利用这个机会发泄私怨。比如,一名被解雇的职员就袭击了自己先前的犹太老板,从公司的钱柜搞了一大笔钱。在柏林,冲锋队员们绑架并抢劫了一名来自茨肖保的针织服装厂的犹太厂长,将他囚禁在“冲锋酒馆”内,毒刑拷打数日,索取高价赎金。“国家社会主义人民福利行动”柏林分部的工作人员用一种特别奸诈的手段来填充自己的腰包:他们在明知某些人是犹太人的情况下,仍然将他们吸纳进来,然后把他们传唤过来,指控他们“潜入国家社会主义人民福利行动”,以勒索钱财。在皮劳和埃尔宾,党卫军保安处成员搞到了一份带有东普鲁士省部书记复印签名的文件,跑到富裕犹太人家中,通过威胁手段敲诈大笔钱财。在布雷斯劳,一名冲锋队大队长向一家犹太百货商店的业主索取了 1.5 万帝国马克的“捐款”,这笔钱的大部分都被转到了他妻子的储蓄账户上。还是在布雷斯劳,纳粹党县级机关通讯部门的工作人员专门从事敲诈犹太人的行当,将他们传唤到机关,通过威胁和暴力榨取钱财。负责调查此案的布雷斯劳地方法院高级检察官认为这是“国家社会主义的过分热心行为”,根据 1934 年 8 月颁布的《赦免法》,将这群犯罪分子赦免。在对抢劫犹太人或者暴力虐犹案进行审判时,法庭常常借助这部法律来为犯罪分子开脱。

从 1934 年中期起,这种犯罪行为渐渐少了。但在 1935 年夏季纳粹党"喧闹的反犹"浪潮中,此种暴行再次抬头,到1938年初合并奥地利时达到了悲剧性的高峰。

对犹太业主的暴力袭击和系统性的掠夺在维也纳尤其普遍。例如,社会民主党流亡理事会的德国事务报告称:"很快就开始了打砸抢和'征用',也就是抢劫犹太企业、敲诈犹太商人和普通群众。14到16岁的孩子在20至25岁的冲锋队员带领下,冲进商店,'征用'食品、鞋、西装、布料等。他们常常用卡车把抢来的东西运走。内城区(克恩滕大街、红塔街、玛利亚希尔夫大街、格拉本大街)的几乎所有犹太企业都遭到了这样的抢劫。……塔博尔街的席夫曼百货商店被抢了三天时间。戴万字袖章的工人将仓库抢得一干二净,穿褐色衬衫的人将好奇的围观群众拦住。……警察拒绝提供保护。"

在虐犹暴乱期间,有约2.5万名自封的"专员"占据了犹太企业,在犹太业主被抓走后肆无忌惮地满足自己的物质需求。"奥地利回归德意志帝国事务特别专员"约瑟夫·比克尔挖苦地说,这些"专员"中的很多人把"我的"和"你的"都混为一谈。

在"老帝国",这种大规模暴力抢劫活动在1938年11月的虐犹狂潮中也发生了,出现了"疯狂"的没收和劫掠。例如,在"南方—汉诺威—不伦瑞克"省,党卫军冲进了犹太人的商店和住宅,没收了现金、贵重物品、打字机和汽车。纳粹党总财务官对在什切青发生的类似事件报告称:"县级机关的一些党员同志来到这些犹太人家中,首先切断了电话线,然后向犹太人出示了经过公证的'馈赠证明书',证明书上写着,这些犹太人要将财产赠送给他们。敢于反抗的犹太人受到了枪毙的威胁。”在慕尼黑，希特勒青年团在虐犹之夜从富裕的犹太企业主那里强行征收了所谓“赔偿金”，这些钱被用于购置制服等用途。

纳粹党柏林省部的领导层以非常有讽刺意味的方式将虐犹和中饱私囊结合了起来。例如，柏林省部的宣传部长韦希特尔就从柏林犹太人的高级代表人物，包括利奥·贝克[①]那里敲诈了高达500万帝国马克的“自愿捐款”，用于“补偿已造成的损害”。这笔所谓的“碎片基金”中有30万帝国马克被用来资助“冯·拉特同志[②]的国葬”，柏林党组织收到了20万帝国马克，冲锋队和党卫军因为“日夜连续行动”而获得7万帝国马克。有的纳粹党领导人在夜间打砸抢活动中衬衫和大衣被撕坏，从“碎片基金”中得到了赔偿；一名党卫军中尉在准备国葬时因为“超人的努力”而猝死，他的遗孀也从“碎片基金”中得到了补偿。

在11月虐犹活动的“没收”和抢劫中出头的不仅是纳粹党人。普通的“民族同胞”也积极利用这个良机，大发横财。例如，在普法尔茨和巴登，在11月虐犹活动期间，就发生了190起抢劫案。其中只有53起有纳粹党员参加。

---

① 利奥·贝克（1873—1956），德国犹太教自由派的领导人和当时德国犹太人无可争议的领袖。

② 恩斯特·爱德华·冯·拉特（1909—1938），德国外交官和驻巴黎使馆的秘书。1938年11月7日，他被一名犹太人暗杀。纳粹党以为拉特复仇为名，掀起了大规模的虐犹打砸抢活动，即所谓“帝国水晶之夜”。

“雅利安化”是腐败的结晶点

对犹太人财产的抢劫和“疯狂”的没收不仅说明了犹太人在纳粹德国的法律地位是多么岌岌可危,也反映了纳粹党活跃分子的殷切期望。纳粹党向他们许诺,要将犹太人财产转为他们的私人财产,因此他们坚决反对政府将这些财产收归国有。威悉—埃姆斯省部的代理领导人给副元首的一封信将纳粹党员的这种基本态度表现得淋漓尽致。他在信中表示担忧,“犹太人财产会落到政府手中”,党员同志们“会落个空手”,因此有必要“让党积极地争取自己的利益”。

就是本着这样的精神,克里斯蒂安·韦伯——他的“11月8/9日办公室”代表着纳粹党内“血章获得者”的利益——就要求让“老战士”从1938年11月没收的犹太人财产中分一杯羹。他要求从其收益中支出1 000万帝国马克,用于资助“血章获得者”对犹太人企业进行“雅利安化”。

纳粹党人的主要期望在于对犹太人财产进行“雅利安化”,这种说法最早是在1933年隐晦地提出的,到1938年就有了正式立法。

纳粹党在这个过程中起了关键的作用，因为从1936/1937年起，“雅利安人”买家收购犹太人财产的合同必须要呈送给纳粹党省部经济顾问，征求其批准，而且很多省部书记和纳粹党大员都对国家的核准机关有很大的影响力。但是如何把党和很多党员的极高的期望值和国家的要求调和起来呢？

下文将会表明，纳粹政权的领导人在这个问题上的态度是自相矛盾和暧昧模糊的，他们尝试将不同方面的需求协调起来，同时还要为自己的组织和个人谋取利益。

例如，纳粹党总财务官在正式公告中摆出了坚决捍卫国家对没收来的犹太人财产的控制权的架势，严禁党组织在“雅利安化”框架内收取金钱，并向副元首的幕僚长马丁·鲍曼再次强调，党组织不得从“雅利安化”行动中获取任何物质收益。嘴上一套，做起来是另外一套，总财务官与鲍曼精诚合作，从犹太人那里以优惠价为纳粹党购置了数百套房产。在鲍曼的关照下，帝国经济部向审批机关做出指示，在对房产“雅利安化”的过程中，“要考虑国社党对房产的需求”。帝国财政部也殷勤地满足纳粹党总财务官对房产的需求。财政部长什未林·冯·克罗西克于1943年下令禁止出售没收来的“国家敌人”的财产，以便保留一些地产，将来在战争结束后安置返乡军人。但在纳粹党总财务官的请求下，他又规定，纳粹党可以不必遵守这道命令。

在奥地利，纳粹党往往不付一分钱就能分配到原先属于犹太人的财产。这种做法与只有帝国政府有权支配犹太人财产的规定是矛盾的。盖世太保用一种诡异的手段解决了这个法律问题：他们在没收"慕尼黑的褐色宅邸[①]"时是"为了德意志帝国的利益,而总财务官施瓦茨是德意志帝国利益的代表"。在荷兰,荷兰占领区帝国专员阿图尔·赛斯—英夸特也将犹太人房产免费分配给党组织。为此他支出了超过200万帝国马克的国家财政资金,这笔钱被划为"补贴",但事实上已经相当于房产的购买价,尽管购买价被算得很低。在被吞并的波兰西部地区,纳粹党也在东欧托管总局特别热情的帮助下,大肆攫取房产。

总财务官施瓦茨在侵吞犹太人地产上已经毫无顾忌地违反自己颁布的规定,对党组织在"雅利安化"框架内收受"捐款"的事情更是大度地睁一只眼闭一只眼。例如,巴伐利亚奥斯特马克省部财政主管向施瓦茨报告称,一家公司"为了感谢省部经济顾问,党员林哈特博士的中介工作",捐献了3 000帝国马克,并允诺为了其他的事情还要"完全自愿地捐献"7万帝国马克。施瓦茨没有采取任何措施来干预此事。对总财务官来说,最重要的是,党组织通过"雅利安化"发财是可以的,但必须向他报告和申请批准。只有那些在施瓦茨不知情的情况下做出的中饱私囊行为才会让他恼火,因为这种行为削弱了他对党内财政的中央管辖权。在"雅利安化"过程中,在纳粹党的各种组织机构和地区机关大量建立起来的特别基金和小金库具有财政上的独立性,因此同样也削弱了施瓦茨的中央财政分配权力。总财务官向副元首的幕僚长指出了这样一种危险:"各省部书记利用这种形势,建立了自己的小金库和基金,在未经我许可的情况下自行支配。"看来,施瓦茨正式地禁止党组织从"雅利安

① 后来被用作纳粹党驻慕尼黑的办公大楼,1945年被摧毁。

化”得利，绝不是为了在“雅利安化”框架内保护国家的利益，而完全是为了巩固他本人在党内的权力地位。

四年计划专员赫尔曼·戈林也在命令中要求“依法”进行“雅利安化”，保障德意志帝国对“去犹太化工作的收益”的支配权。但他也口是心非，按照自己的考虑偏离了这些原则。戈林在涉及纳粹党弗兰肯省部的一起地产“雅利安化”腐败案中的行为是非常能说明问题的。戈林任命的一个党内调查委员会在纽伦堡和菲尔特发现了数量众多的腐败和贪污案。例如，在1938年11月的虐犹事件之后，犹太地产业主被叫到德意志劳工阵线在当地的“雅利安化办公室”，在殴打之下被迫将自己的地产“出售”给纳粹党——其代表人是代理省部书记卡尔·霍尔茨。犹太人被迫接受的价钱仅相当于其地产课税标准价格的10%。纳粹党的很多机关和组织都用这种方法以极低价格从犹太人手中置办了房产。

戈林并没有立刻叫停这种暴力的“雅利安化”，或者按照他鼓吹的那样“依法”进行“雅利安化”、保障国家的利益。他对腐败案的处理主要是粉饰太平，维护纳粹党的形象。因此他不仅允许党组织保留抢来的房产，还从国家财政拿出100万帝国马克，以便在事后把掠夺粉饰为合法的购买。就这样，戈林用国家财政推动了腐败的滋生，把自己颁布的规定搞得一团糟。

纳粹政权的其他领导人对“雅利安化”的基本态度是类似的，他们在正式指令中都禁止党员从中渔利，但他们真正的态度是建立在权力策略基础上的，对不同个案有不同的处理方式。例如，党卫军全国领袖做出指示，党卫军人员一旦“在接收犹太人财产”时谋取“不合法的利益”,必然对其严惩不贷,绝不姑息。他这番话可不仅仅是说说而已。比如,党卫军上校京特·塔马希克在波西米亚—摩拉维亚保护国想接管一家犹太企业,结果被开除出了党卫军。但从档案资料中可以推断出,其实希姆莱早就看塔马希克不顺眼了,“雅利安化”只是提供了一个机会,把讨厌的塔马希克赶走而已。希姆莱对他的一个助手说:“这是一个非常好的机会,把塔马希克甩掉。反正他本来也不是我们的人,而且肯定有犹太血统。”

希姆莱在原则上并不反对党卫军成员参加“雅利安化”,这从另外一个例子可以看出来。他甚至支持了一名党卫军中校在这方面的努力。这可不是像塔马希克那样失宠的党卫军干部,而是弗里茨·基恩,特罗辛根的艾福卡香烟制品厂的老板和斯图加特工业与贸易联合会的主席。他对希姆莱赤胆忠心,定期向党卫军全国领袖的“R特别账户”汇款。这样看来,在“雅利安化”过程中谋取的利益是否“合法”,完全是希姆莱按照主观标准来判断的。当然,党卫军所属企业的“雅利安化”行为肯定是合法的,比如“达豪公益性住房公司”就在柏林收购了二十多套原属于犹太人的房产,以便为党卫军和警察干部安排豪华宅邸。党卫军在向犹太人发放移民许可时敲诈来的外汇被用于为武装党卫军招募志愿兵,这种做法自然也得到了党卫军全国领袖的认可。

关于纳粹党在“雅利安化”问题上的双重道德标准,我们再举最后一个例子。萨尔茨堡省部书记一方面禁止所有党的干部参加“雅利安化”,另一方面,他自己作为地产中间商,大肆倒卖萨尔茨卡默古特的所谓“犹太别墅”。他很有系统性地将这些别墅控制住,然后主要是提供给党的高级干部。他本人当然也无需遵守他自己颁布的命令,他的吸烟室里面的陈设就是从罗思柴尔德家族在维也纳的收藏品中搜罗来的。

上面举的四个例子(纳粹党总财务官、四年计划专员戈林、党卫军全国领袖和萨尔茨堡省部书记)表明,在要求严格依法进行“雅利安化”、保障国家利益、禁止私人渔利的冠冕堂皇的命令的背后,其实是组织和个人的丝毫不受阻挠的腐败。因此,帝国的利益从来没有得到完全的保障,因为在纳粹国家没有一个机构对抽象的政府和帝国的利益负有责任。纳粹党人往往是打着德意志帝国的旗号出场,他们对自己职权的理解与其个人的权力和统治利益是分不开的,甚至在很大程度上受到个人利益的左右。另外,“雅利安化”的审批权没有被集中控制在中央(戈林没有把审批权交给帝国机关,比如帝国经济部,而是将权力下放给各地区的决策者),也大大损害了帝国的利益。

这种分散的审批权不仅有利于数量众多的党组织和党的干部系统性地利用犹太人财产大发横财,还使得各城市和社区(它们中的一部分在反犹的掠夺政策中是帝国的财产托管人)能够分一杯羹。例如,根据1938年12月3日颁布的处理犹太人财产的命令,所有犹太人必须上交黄金、白金或白银制成的首饰、珠宝和艺术品;同时,各城市的典当行被升格为帝国所属的销售和收藏机构。犹太人将自己的首饰、珠宝和艺术品交给典当行时,仅能得到最多为实际价值六分之一的价钱。典当行还有权自己去收购价值不超过1 000帝国马克(后来降为150至300帝国马克)的物品——这简直是在邀请典当行降低给犹太人的补偿金标准——然后将低价收购来的物品高价卖出，将收益转入社区财政。

1945 年后，美军占领区的赔偿法庭查明，纽伦堡的典当行“贪污了很大一部分购得的犹太人财产，或者未上交给帝国政府。在各家典当行，估价偏低、向党的亲信出售价格低于法律规定最高价格（先后是 1 000，300 和 150 帝国马克）的物品而不入账的现象都是非常普遍的”。中饱私囊的机会如此之多，宣传标榜的帝国对犹太人财产的专有垄断权从没有真正实现过，而是从一开始就有人从中谋取私利。赔偿法庭的调查表明，纳粹的没收犹太人财产的计划“目的很明确……不仅要让帝国政府本身，还要让各社区也能从中获利”。

于是，“雅利安化”变成了一场发横财的竞赛，到处是结党营私和贪污腐化。数量众多的组织和个人，包括德国社会的越来越多的成员，都从中渔利，包括：城市和社区、纳粹党、党员及党外的各色人等和职业群体。

纳粹党在“雅利安化”过程中占据着关键位置，因此有很多牟利的机会，他们对这些机会利用得淋漓尽致。正如纳粹党总财务官施瓦茨所担心的那样，各省部领导层利用“雅利安化”的机会，建立起了不受党的控制，更不受国家财政控制的小金库，自行任意支配，不需要对任何人负责。这些小金库的资金主要来自强迫的“捐款”，主要是从犹太人业主那里，也有的是从“雅利安人”买家那里，在批准“雅利安化”的合同时敲诈来的。在萨尔普法尔茨省部，省部书记比克尔为了这个目的，建立了“萨尔普法尔茨资产公司”。这家公

司强迫犹太人业主 (其中有的人已经被押往集中营) 在委托书上签字,委托公司对其产业进行“雅利安化”,并将销售收入的 40% 转到省部领导层的一个特别账户上。

与比克尔相比,纳粹党弗兰肯省部的要求——买家需将购买价的 1.5% 至 3% 捐赠给省部——就显得很客气了。这笔钱会先转到冲锋队员出版社在德意志劳工银行的一个特别账户,然后再转给省部的财务办公室。弗兰肯省部以这种方式敛财达 35 万帝国马克。显然,党部书记施特莱彻最初的想法是,用这些捐款资助他的煽动性报纸《冲锋队员》。

在慕尼黑,当地的“雅利安化办公室”对犹太人业主进行了掠夺,方式与萨尔普法尔茨省部类似,即强迫犹太人业主将资产转让给他们。在汉堡,“汉堡 1938 地产管理有限责任公司”作为“雅利安化捐款”的征收者,为省部书记考夫曼效劳,一共向他提供了至少 85.4 万帝国马克的强迫捐款。

在符腾堡—霍亨索伦省,省部书记穆尔将强征来的捐款 (约 100 万帝国马克) 转入了一家基金会,它的名字很有讽刺意味,叫作“符腾堡经济界感恩基金会”。这些“捐款”的一个用途是收购原先属于犹太人的企业。另外,基金会还资助着位于多特尔恩豪森的一家水泥厂,厂长是省部的部门领导人鲁道夫·罗尔巴赫。

在图林根,纳粹党省部经济顾问抽取“雅利安化”合同购买价的 10%,作为必需的开支补偿,以偿付所谓的“杂费”。随后他将这些钱 (超过 100 万帝国马克) 转到省部的一个特别账户上。这笔钱原本应用于建立一个“图林根老近卫军成员供给基金会”,但资金的大部分却被作为“贷款”发放给了党员同志，帮助他们在“雅利安化”框架内收购犹太企业。这种做法在其他省也有出现，比如，党卫军保安处驻东普鲁士的机构就报告称，“国社党从其基金中拨款，贷款给一些党员同志，帮助他们过上安定的生活”。

马丁·鲍曼在一份给各省部书记的秘密指令中称，在“雅利安化”框架内资助和提携党员同志，是一项“事关荣誉的义务”。通过有组织地提携同党，国家强制执行的对犹太人的掠夺也被纳粹党利用，去满足“党员同志”的物质需求。纳粹党对此的解释仍然是那套陈词滥调：很多“党员同志”在“斗争年代”在“经济上蒙受了损失”，因此应当对其予以补偿。

体制化的对“党员同志”的优待到1938/1939年达到了顶峰。此时，由于强制执行的“雅利安化”，犹太业主的活动空间已经降到了零点，而党的影响力非常强大，尤其是对零售业的“雅利安化”变成了专门用来赞助纳粹党成员的活动。一份关于“柏林零售业去犹太化”的总结报告称，“老党员和有贡献的党员同志应当受到最高的优待”。另外，城市银行和储蓄所还为这些官方所谓的“有价值的申请人”提供条件优惠的贷款，以帮助他们去收购犹太人财产。可以得到优待的第二类人是“有意愿自主创业且有从商经验的党员同志”。但只要是“老党员和有贡献的党员同志”，那么没有从商经验肯定也没问题。现实中，“雅利安化”演变成了一个谋取私利的市场，形形色色的党员，从街道小组长到省部书记，都忙得热火朝天。

纳粹党高官由于自己的政治身份，不能直接经商，因此更喜欢匿名的股票市场。比如，省部书记施特莱彻就从犹太人手中购买了纽伦堡火星摩托车厂的大量股票，仅花了股票票面价值的5%。汉堡省部书记考夫曼则利用某个特别基金的资金，将齐格菲·克罗赫化工股份公司的股票全部买下，将股票收益注入自己的“1937年汉堡基金会”。

党的省级和县级官员就没有那么多顾虑，敢于光明正大地开工厂、做生意。纳粹党符腾堡—霍亨索伦省部教育主管在梅钦根买了一家板岩工厂，作为副业，年收入猛增到了之前的十倍。“老战士”和下级党员主要是在国企或国家许可的经济领域享受照顾，接管了电影院与彩票、烟草销售点。

一人得道，鸡犬升天是提携党员活动的一个重要组成部分。例如，慕尼黑市长的兄弟格哈德·菲勒尔就担任一家犹太皮革及制鞋用品厂的破产清算人，后来又买下了这家企业。汉堡市内政部长的兄弟本诺·里希特开着一家专营妇女时髦用品的高级商店。党卫军全国领袖的副官和帝国保安处[1]处长汉斯·拉滕胡贝尔特别关心他的表弟，慕尼黑私营银行家格奥尔格·艾登申克的利益。艾登申克想把恩格尔哈特啤酒厂的犹太总经理伊格纳茨·纳赫名下的啤酒厂搞到手。拉滕胡贝尔亲自去盖世太保的监狱牢房里拜访了纳赫，强迫他签署了将啤酒厂赠送给他的表弟艾登申克的声明，还让纳赫付给艾登申克15万帝国马克的“开支补偿金”。有些纳粹党人还用救人于危难的幌子来掩饰自己的勒索行为。例如，县议会主席兼慕尼黑—里姆赛马协会主席克里斯蒂安·韦伯帮助一名犹太女

① 帝国保安处（Reichssicherheitsdienst）是负责希特勒及其他要人安全保卫工作的机构，与令人闻风丧胆的特务和情报机构党卫军保安处（Sicherheitsdienst der SS，简称SD）不是一回事，规模也比后者小得多。

公民搞到了在德国的终身居住权。作为回报,这个犹太女人签署了一份馈赠合同,将施坦贝格湖畔费尔达芬格的一处地产转让给了赛马协会。

在“雅利安化”框架内系统性地得到提携扶助,并从这种公开的、体制化的腐败中渔利的并非仅有纳粹党人。中产阶层、职业阶层的新生力量、犹太企业的前雇员如果去收购犹太产业的话,也能得到赞助。

另外,如果没有各种专业人士的协助,“雅利安化”也是办不成的。这些人起到了一个重要的中介作用。他们当中有律师、中间商、专业鉴定人、评估人、托管人和清算人,也能得到各式各样的渔利的机会。这种“中介行业”一方面专业细分程度非常高,比如有的中间商专门帮助出售原属犹太人的药店,另一方面也鱼龙混杂,充满了各种骗子和野鸡律师,他们用虚假的诺言花言巧语地欺骗犹太企业家,肆无忌惮地利用犹太人的危急处境中饱私囊。一位犹太企业家将某些中间商比作“在濒死者头顶上盘旋的秃鹫”。1938 年 11 月虐犹事件过后,很多犹太企业家被逮捕并押往集中营,他们的企业就被成千上万的托管人和清算人接管了。这些人都是商业界、手工业和工业界的“久经考验”的代表,几乎全都是纳粹党员。他们管理犹太企业的工作得到极其丰厚的报酬,有时还利用这机会,去收购自己管理的企业。

除了体制化的中饱私囊 (这种行为在大部分情况下受到政府的鼓励或者容忍) 外,在“雅利安化”框架内还有一种隐蔽的、受到官方打击的腐败行为,它的表现形式多种多样。一方面,有些人努力在收购犹太人产业时多占便宜,于是就贿赂官员,以便生意能够拍板,或者在党的工作人员帮助下向犹太人业主施压。这种贿赂常常被官方宣布为"捐款",但这种"捐款"和前文说过的那种草草征收的、纳粹党得利的强迫"捐款"不同,因为它是付给个别官员的,完全由这官员自己吞下。

这种贿赂在"雅利安化"过程中究竟有多么猖獗,我们只能做一番猜测,因为这种事情很少是有案可查的。但我们不能因为没有档案证据就做出仓促结论,认为这种腐败现象很少见,因为"雅利安化"始终是在腐败和任人唯亲的环境下进行的,受容忍的腐败和受打击的腐败之间的界限并不明晰,中饱私囊的事情非常理所当然,因此行贿受贿根本算不得有伤体统的事情。纳粹党一名县级书记被人指责收受"捐款",他非常吃惊地说:"这种做法在威斯特法伦—北方省是非常普遍的。"因此很少有官员或公职人员因为受贿而被起诉。

比直接贿赂更常见的是赠送小礼物和资助。"雅利安化"的买家用这些方式来赢得"官方"和"官员"的好感。亚琛的一名房地产中间商在对地产进行"雅利安化"时发了大财,自己也买了几处地产。他在战后对一名美国占领军的军官直言不讳地解释了自己的生意经:

> 生意人要想干成什么事,必须要在国家机关里有人。但是直接贿赂太危险了。所以必须要迂回行事。可以邀请具体的部门负责人,或者还有他全家去吃饭,摆上山珍海味和美酒。

> 这么一来二去地几次，这个当官的就软化了，你就赢得他的好感了。在我们这个行业，我们就专门去党的干部和他们的老婆或女朋友经常去的酒馆。在那里能认识人。我一连几周天天去亚琛县党部书记常去的那家酒馆。这让我花了不少钱，但我最后终于结交了这位书记。

除了受贿之外，滥用职权，即参加“雅利安化”的机构的工作人员利用自己的权力系统性地谋取私利，也是“应当予以打击”的腐败。滥用职权的形式非常繁多，有的纳粹党县级经济顾问用自己没有财产的亲属的名义去收购犹太人的地产；有的“雅利安化办公室”负责人在审批企业收购时要求参与其中、分一杯羹，否则就拒绝批准；有的盖世太保官员收取金钱，帮助“加快办理业务”；甚至下级财政官员也索取现金贿赂，否则就不发放财务状况良好的证明。“这样的下级官员很多，他们直言不讳地说：为什么只有大官能捞钱？”柏林一家时装商店业主对这种贪官污吏的基本态度作了如此描述。

另外，在“雅利安化”的环境中，还有很多犯罪分子利用犹太人的绝境大发横财。犯罪分子向犹太商店索取“保护费”；野鸡律师装作搭救遇险的犹太人，拿了律师费预付金后就消失得无影无踪；还有人伪称自己和纳粹党高级领导人有关系，向犹太人许下天花乱坠的诺言，骗得钱财，这些诺言完全是空中楼阁。在“雅利安化”末期，德国境内急于出境的犹太人数量剧增，很多外国领事馆，尤其是南美洲和中美洲国家的领事馆，在发放签证时收取高价。要搞到一本前往阿根廷的入境签证,每人要缴纳5 000帝国马克的贿金;去海地的签证就只需要1 000帝国马克。这种贿赂救了很多犹太人的性命,被犹太移民称为“行善的腐败”,被认为不完全是坏事,尽管这些贿金首先被官员们私吞,并且对移民来说也是一种经济上的掠夺。

腐败在“雅利安化”框架内发挥的作用有两个方面。首先,腐败,尤其是“官方”的、以赞助和提携为表现形式的腐败,将获益者直接地与纳粹统治系统捆绑在了一起,即便这些赞助往往并不是为了保证获益者未来的忠诚,而是被理解为对党员在过去做出的物质上的“牺牲”的“补偿”。所谓的在“斗争年代”做出的“牺牲”与1933年后的“补偿”之间的联系构成了“救赎式反犹主义”的一个重要的社会心理元素。绍尔·弗里德伦德尔认为,“救赎式反犹主义”是一种具有特别的德国特色和纳粹特色的反犹主义。

其次,利用犹太人财产中饱私囊的行为使得反犹政策更加极端化,因为对犹太人的掠夺造就了一群数量不断增长的既得利益者,他们绝不愿意将吃下的东西再吐出来,因此绝不愿意看到犹太人业主回来索回自己的财产。这些既得利益者跨越了道德上的卢比孔河,只能在反犹道路上继续走下去,并且更加极端化,因为他们假如要往回走,就必须承认自己的罪孽,并将侵吞来的财产返还原主人。

大屠杀与腐败

随着“雅利安化”被强迫移民、驱逐和大屠杀取代，纳粹党“犹太人政策”的管辖权和结构也发生了变化。“雅利安化”还是由数量众多的地方性机构和决策者执行的，而在1938/1939年之后，很多职能就被集中到了那些后来被纳入帝国保安总局（RSHA）的机构手中。但这种结构性转变并没有改变腐败的基础条件。形形色色的腐败现象仍然与灭绝政策如影随形，甚至愈演愈烈，引导着对犹太人的掠夺和压榨。犹太人遗留的财产被参与驱逐和屠杀的人员当作是自己的私人财产来处理。

一个例子就是，在盖世太保的例行活动中，侵吞犹太人财产的行为非常普遍。马克斯·普劳特于1938年底被盖世太保任命为“德国犹太人联合会”的西北地区专员。他在回忆录中写到了装模作样的“搜查，其唯一目的是给盖世太保人员搞到各种各样的物资”。在东弗里斯兰和奥尔登堡，负责犹太人事务的基希迈尔“拜访”了富裕的犹太人，借此机会大肆抢劫。在吕贝克，负责犹太人事务的威廉·迪韦尔这种事情也干得特别来劲；抢劫了犹太人之后，他会

迅速将这些受害者驱逐,以便尽可能快地消灭证人。普劳特在一次录音采访中这样描述迪韦尔:

> 吕贝克的事情特别令人作呕。当地盖世太保的犹太人事务主管叫作迪韦尔,这是个糟糕的征兆;他特别凶神恶煞。他出去到什么地方逮捕了某人之后,当场就把他抢个精光。他害怕会有人把这事说出去,就把受害者全都杀了。这样的官员除了自己的公职外还干杀人越货的买卖,在大多数情况下受害者都是死路一条。他把受害者狠揍一顿,把他的房子洗劫一空。受害者不仅被打个半死,最后还会被灭口,因为这名官员坚持要把人都干掉。这种事情当然是违法的,但在现实中却司空见惯。

"犹太人与吉卜赛人劳工计划"驻汉堡办公室的负责人维利巴尔德·沙勒特从事一种特别的"登门拜访"。他在拜访自己管辖的犹太人时,不仅让这些人给他提供数量众多的"礼物",还借此机会对女性进行性侵犯。如果受害者乖乖就范,他会对其照顾有加,改善其生活,有时甚至显得非常和蔼可亲;但如果受害者敢于反抗,就会被毫无顾忌地加到驱逐名单上去。沙勒特这种人如此怙恶不悛,不仅是为了满足自己的物质和非物质需求,还是在向受害者炫耀自己的个人权力:他可以恣意地对受害者进行"利用、交换和驱逐"。如果没有盖世太保和当地的犹太人事务主管克劳斯·格特舍的撑腰,沙勒特一定不敢这么猖狂。格特舍自己也是个腐败分子,从盖世太保的一个账户 (拍卖犹太人财产的收入被存放在这个账户上)

挪用了 23.7 万帝国马克。

盖世太保驻柏林领导办公室同样腐败,犹太人事务主管格哈德·施蒂比斯及其副手弗朗茨·普吕弗利用混乱的财务和资金管理状况大发横财。1941 年 12 月,帝国审计总署查明,“在疏散犹太人的运输过程中,国家警察驻柏林领导办公室既没有记账,也没有现金收支簿。另外,犹太人的金钱、贵重物品和存折没有被按照规定控制起来,各种单据和凭证不完整,或者根本就没有”。在这种混乱局面中,盖世太保官员们互相倒卖犹太人财产,帝国审计总署将这种现象定性为“严重违规”。犹太人事务主管施蒂比斯在被捕前不久自杀,他的副手普吕弗在被拘留候审期间遇空袭丧生。

在帝国保安总局,党卫军干部从“犹太人移民中央办公室”收到了 2 万至 5 万帝国马克的资金,这笔钱原本应当转交给“国际刑警组织”,但始终没有到他们的账上。帝国审计总署的调查表明,帝国保安总局内也有严重的“违规行为”。调查显示,党卫军干部用“犹太人移民中央办公室”的钱给自己的租住屋搞装潢、买衣服,并给自己安排计划外的补助金。帝国保安总局给最早十批所谓运送犹太人的业务结账时发现,有 10 万帝国马克不翼而飞,不知下落。“德国犹太人联合会”的一个特别账户上也出现了 34 万帝国马克的亏空。1943 年 6 月 10 日,“德国犹太人联合会”的资产被没收,帝国审计总署在调查中发现了更多的财务违规行为,该委员会的腐败嫌疑很大。例如,帝国保安总局估计,“德国犹太人联合会”的总资产应当有 6 917.1 万帝国马克。调查却表明,其资产高达 1.43 亿帝国马克,其中驻柏林地区办事处的资产并非起初报告的 155 万帝国马克,而是 1 858 万帝国马克。

腐败的一个重要领域是犹太人的献金。1938/1939 年间,富裕的犹太人常常被要求捐款,以帮助维持陷入贫困的犹太人社区 (这些社区因为富有的犹太人大量移民而变得贫困) 的财政。但这些强迫捐款最终是否真正被用于官方所称的目的,很值得怀疑。有人说,这些捐款被转到了私人账户上。

柏林警察总长赫尔多夫伯爵是个大手大脚的花花公子,手头经常非常拮据,于是向富裕的犹太人敲诈勒索,这成了他的一个"油水很足的收入来源"。他下令禁止向所有资产超过 30 万帝国马克的犹太人发放护照。想要出境的犹太人就必须向他"捐款",这种捐款被犹太人称为"赫尔多夫捐款",常常达到几十万帝国马克。光是从烟草工厂主莫里茨和欧根·加尔巴蒂那里,赫尔多夫就搞到了 115 万帝国马克。官方的说法是,这些捐款将被用于扶助犹太人社区及其社会设施,但这些钱从没有到过犹太人社区的账上。没过多久,捐款人又被要求捐款,而且是为了同样的理由;再加上犹太人社区保证说,第一笔捐款他们"一个芬尼也没收到",于是捐款人就知道其中的猫腻了。

1943 年在慕尼黑活动的"雅利安化办公室"也从富裕犹太人那里敲诈数额巨大的"捐款",并保证不会将他们驱逐到东欧。事实上,几乎所有人在捐款之后当即就被驱逐了。就像盖世太保的"登门拜访"一样,腐败也让驱逐和灭绝的措施更为极端化,犯罪者利用这些措施,消灭知情者。

在所谓的老帝国,牟取私利和腐败已经是灭绝政策的伴随现象。在占领区,腐败就更为猖獗了,因为占领区的官僚监管机制还没有发展起来。滋生腐败的另外一个重要因素是,控制和利用犹太人财产的主管部门经常变换。国防军、民政当局、警察和特别行动队之间的权力分野从来没有搞清楚过,始终是一团乱麻。现在回顾来看,占领区至少有五种侵吞犹太人财产的方式。

首先是掠夺和"疯狂的"没收、侵吞和从中渔利。这种做法主要是在占领统治的初期,常常伴随着机动屠杀单位的大屠杀行动。国防军、警察、占领当局的成员和占领区的平民也参加了这些掠夺活动。

按照乌克兰事务帝国专员埃里希·科赫的说法,要系统性、有秩序地控制犹太人财产"在政治上和组织上是办不到的",这更加促进了占领区内的"疯狂的"中饱私囊行为。德国占领当局成员在夺取了犹太人财产后,有义务将这情况上报,但他们敢于无视官方的规定,而基本上不必担心受到惩罚,因为,按照历史学家克里斯蒂安·格拉赫的非常精当的说法,"几乎所有的德国干部和参与人员都抢了东西往自己的腰包塞",甚至被证实了的违法行为也不会受到处罚。例如,立陶宛事务专员辖区的一名女性工作人员私吞了犹太人的卧室家具和银器,而不曾上报,她没有受到任何处罚就被释放,理由是,她为刑事警察"立过不小的功",因此"对她采取任何措施都是不妥的"。德国占领当局的高官,比如白俄罗斯事务专员威廉·库贝和秩序警察总长库尔特·达吕格,都利用抢劫来的犹太人财产大发横财。

在占领区屠杀犹太人的行动中,犹太人财产的一部分被凶手及直接参与者私吞了,因此根本不会出现在官方统计中。帝国审计总署在一份审查报告中对这种情况作了描述：

> 积累起来的金钱和珠宝在很多情况下都没有按照规定进行登记，因此永远无法知道，是否有没收来的财物被侵吞，又被侵吞了多少。在波兰总督区，有大量没收来的珠宝被交付给党卫军莱因哈特行动指挥部和党卫军与警察驻卢布林指挥官，登记机关却没有做相应的详细记录。特别严重的一起案件发生在加里西亚的斯坦尼斯劳分支机关。那里的人将大量没收来的金钱和珠宝扣留。帝国审计总署的代表在当地的一次审查中，在主管的行政官员警察书记布洛克的房间内发现了各式各样、五花八门的箱子、容器和写字台，里面塞满现金、金币、各种货币，其中包括6 000美金，以及成箱的珍贵珠宝。所有这些东西既没有收入国库，也没有登记造册。

"疯狂的"渔利行为有一个特别形式，即占领当局成员、盖世太保负责人和警察从犹太人隔离区的"犹太人理事会"收取贿赂和"礼物"，或者强行索贿，而美其名曰"捐赠"。克里斯蒂安·格拉赫指出，"腐败透顶的民政当局和警察官员"绕过帝国国库，将"数额巨大"的金钱塞进了自己的腰包。有些犹太人理事会早料到德国官员的腐败和贪婪，专门为了行贿而准备了仓库，里面装满黄金、首饰、烈酒和各式各样的珍贵紧缺物品。扎莫希奇的犹太人理事会主席估计，每月向德国人行贿就需要15万至20万兹罗提①。通过贿赂，

① 纳粹德国入侵波兰后，为波兰制定的全新的货币，并固定汇率为1帝国马克兑换2兹罗提。

犹太人的条件能够得到一些改善,有时甚至能够阻止已经启动的驱逐进程。但长远来看,行贿保命的策略不仅无效,在有些情况下甚至起到了相反的效果:受贿者为了消灭人证,反而会更快地将犹太人驱逐。以赛亚·特伦克将这种贿赂和赠礼称为“纳粹对犹太人的另一种掠夺”,是颇为中肯的。

除了这种个人做出的“疯狂的”渔利行为,还有各种组织机构、政府高官在未经授权情况下对犹太人财产的没收。这些人在没有得到授权的情况下擅自没收犹太人财产,将其存放在“特别基金”和小金库里,为个人和组织牟利,不受任何监管。例如,特别行动队在屠杀犹太人时征收了大量“犹太金钱”,对其不加清点,“成麻袋”地运到保安警察指挥官那里,存入特别基金。帝国审计总署的调查表明,驻兰贝格、克拉科夫、华沙、比亚瓦—波德拉斯卡的保安警察指挥官,以及驻卡托维茨的国家警察领导机关都建立了这样的基金。在大多数情况下,这些基金的资产数额和用途都无法查清。帝国审计总署要求涉及的机关做出解释,但后者始终对此置之不理。

在某些个案中可以确定,这些基金——帝国审计总署估计其资产在几十万帝国马克——被保安警察成员用于非公务用途,以及用来资助党卫军的建造和装潢工程,包括党卫军干部宿舍、赌场和剧院等。在卡托维茨的德意志银行有一个当地国家警察领导机关的特别账户,里面存着从犹太人社区敲诈来的捐款,官方的说法是,这些款项将用于资助对犹太人的运输。事实上,这些钱的一部分被用于支付给警察官员的补助金,或用于“特殊用途”,而没有任何正式的账单。

纳粹党在被并入帝国的东欧地区也大搞小金库,并“疯狂”地侵吞波兰人和犹太人财产。例如,纳粹党布洛姆贝格县机关领导层就利用出售没收物资的收益建立了一个“补偿基金”(资产高达 75 万帝国马克)。这种做法在其他的县机关和党小组也有出现。于是,纳粹党吸纳了大量原本应该交给东欧托管总局管理的资产。纳粹党总财务官施瓦茨对此的辩解是,被并入帝国的东欧地区的“建设”在早期出现了一些混乱,给有秩序控制资产造成了一定困难。

施瓦茨的辩解非常苍白,因为纳粹党非常系统性地绕过了帝国国库,去侵吞财产。例如,新建的“瓦特兰帝国行省”的纳粹党省部书记兼总督阿图尔·格赖泽尔在波森的商业贸易银行建立了一个“保管账户”,以存放没收来的犹太人和帝国敌人的财产。只有他一个人对这个账户有支配权。帝国审计总署做了很多努力,想查明这个账户的金额数量以及用途,但都碰了壁,最后只能不了了之。甚至戈培尔也认为,党及其领导人对没收来的财产的侵吞,就像但泽—西普鲁士省部书记福斯特和瓦特兰省部书记格赖泽尔干的那样,太过分了。戈培尔在日记中写道,党“对没收来的财产的胃口实在太大了”。

不仅是在东欧,在西欧和北欧,德国官员也绕过帝国国库,将犹太人财产占为己有,并转入特别账户。例如,国防军驻比利时和法国北部军事长官就拥有一个特别基金,其资产高达 250 万帝国马克,来自出售缴获的钻石制品的收益。驻挪威占领区专员,省党部书记约瑟夫·特博文利用“帝国的敌人”的财产,在奥斯陆建立了一个“德意志救济事业”基金会。这个基金会的背后却是一个由特博文本人支配的基金,他借此向亲信以及有权势的恩主和显贵赠送贵重礼物。四年计划专员赫尔曼·戈林从特博文那里收到了102公斤的鲑鱼和大鳌虾,他的夫人则收到了2只白金银狐。仅仅特博文的“礼物储备仓库”里的36件毛皮大衣就价值10万帝国马克。他对国防军也出手不凡。例如,他向国防军驻挪威军事长官提供了337块原属于犹太人的金表。

特博文的慷慨馈赠就是第三种侵吞犹太人财产的方式:一些组织机构代表德意志帝国的利益,将犹太人财产收缴,然后在不受监管的情况下将其分配,甚至是挥霍出去。这种对“犹太人和敌产”的挥霍在立陶宛特别猖獗,有些“大庄园”只卖115帝国马克,一座房屋售价仅为21.5帝国马克,每只羊只卖3.9帝国马克。

在塞尔维亚,国防军系统性地将犹太人财产出售转手。在占领贝尔格莱德之后,第599野战指挥部将犹太人商店的存货全部没收,然后以赔本价转手给国防军成员,有些军人就利用这个机会,大肆收购。例如,一名作战管理顾问购买了166米的布料,一名中尉买了217米,一名作战管理总监则收购了500米的各色布料。出售这些货物的收益被存到一个特别账户上。经济全权总代表的财产管理部门将原属于犹太人的首饰和贵重物品以“上限物价”卖给占领当局的工作人员。他们还可以用优惠价买到“犹太人地产”。例如,1941年10月,一名被委派到贝尔格莱德的帝国银行行长的妻子以约100万第纳尔的价格买下了“艾森施莱伯尔别墅”,到1942年3月又以三倍的出售价将其转手。

在下施蒂利亚,德意志民族性强化专员在当地的办事机构在转手所谓“已经移民的犹太人”(这是官方的术语)的时候,尤其慷慨大方。有2 000万帝国马克的资产从他们的管辖下轻易地转入了省自治政府的账户。政府对犹太人商店的存货不加准确的估价,就以赔本价甩卖给了德国人开的商店。德意志民族性强化专员在当地的办事机构的工作人员互相帮忙,去搜罗家具、陈设、金银首饰和钻石。在某个案例中,超过20公斤的白银被白送给了一位珠宝商。在另外一个例子中,虽然没有白送,但买家,一位来自格拉茨的银匠,却可以自行定价。对于充公的财物,通常既没有财产清单,也没有具体状况或使用说明。因此,究竟有多少资产被贱卖和挥霍了出去,始终无法确定,尤其是几百张所谓的借条已经“遗失”了。

虽然很多人参与了对被驱逐和谋杀的犹太人财产的不受监管的分配——就像先前在“雅利安化”期间那样——这些财产却主要被当作纳粹统治集团网络(它就是通过互相交换物质利益而建立和巩固起来的)内打通关节用的贿金。为了讨好元首,荷兰占领区帝国专员阿图尔·赛斯—英夸特购买了价值800多万帝国马克的艺术品,赠送给林茨的“元首博物馆”。这些钱是他从充公的“犹太人财产”中拨出的,并没有得到帝国财政部长的批准。维也纳省部书记和前任“帝国青年领袖”巴尔杜尔·冯·席拉赫的妻子亨丽埃特在她的回忆录中写道,她有一次在荷兰时,有人丝毫不加掩饰、直截了当地要帮她捞一笔油水。一名党卫军军官将堆积成山的结婚戒指和宝石指给她看,并问道:“只花一点小钱,您就能买到钻石。您要吗?毫无瑕疵的宝石,都是专业人士小心翼翼地从托座上取下来的。我当然不用跟您解释,这些宝石是从哪儿来的。……”亨丽埃特·冯·席拉赫回忆道:“他们肯定以为,我是像一个盗窃死人财物的贼一样来收购东西的,因为在这种交易中,价格自然是最不重要的因素;重要的是,我是一个大人物。大人物看见过什么,做过什么事情,是没人能够要求他们负责的。”

除了上文所说的“疯狂”的中饱私囊、未经授权的没收和不受监管的分配之外,还有两种有组织的侵吞犹太人财产的方式,即对这些财产的托管和利用,以及有组织的分配。这两种方式中也有谋取私利和腐败现象,比如前文讲到的各托管机构在波兰总督区的活动,以及东欧托管总局在被并入德意志帝国的东欧地区的活动——东欧托管总局的职责是对波兰国家财产和充公的私人财产(主要是犹太人的)进行“统一管理”。这些财产托管人滥用职权,大捞油水,一方面领着极其丰厚的薪水,一方面系统性地侵吞和敲诈钱财和贵重物品。

对被害犹太人财产进行有组织分配的主要是党卫军全国领袖海因里希·希姆莱,他同时担任德意志民族性强化专员。希姆莱利用自己的职权,将被害犹太人的遗产分配到自己的势力范围中去:他把犹太人隔离区的机器设备,以及所谓莱因哈特基金的数百万资金交给党卫军所属的企业;他给自己的高级军官准备了大量的“犹太人房产”作为官邸;他向武装党卫军成员和集中营人员赠送毛皮衣物和手表;党卫军家属获赠童装;由他负责照顾的移民到东欧的帝国德国人家庭则得到了大量的衣服和家具陈设。为了对这种纳粹统治下典型的恩典和提携作道德上的辩护,公文中常常将被害犹太人财产称为“犹太人窝藏和盗窃的赃物”。

德国的普通老百姓也从对被害犹太人财产进行的有组织分配

中获益。早在 1939 年,在德国很多城市,就有公开拍卖“犹太人白银”的事情。在战争期间,从全欧洲抢来的犹太人财产被运往帝国本土,拍卖给公众。仅在汉堡及其周边地区,自 1941 年起就有超过 10 万人买过原属于犹太人的财物;由于战争期间后方男人比较少,因此买家大多是女人,她们在面对这种捞油水的好机会时和男人一样肆无忌惮。一名汉堡妇女回忆道:“普通的家庭妇女……一下子穿起了毛皮大衣,享受起咖啡和首饰,用起了荷兰和法国来的、运到港口的古董家具和地毯。”大量的家具陈设被运往科隆,以至于科隆市财政局长在 1942 年 7 月报告称,当地所有仓库都已塞满。在有犹太人社区的村庄,已经被驱逐的犹太人财产被拖到大街上拍卖。很多村民没心没肺地购买这些东西,尽管他们一定很清楚,这些东西的原主人就是他们的邻居和熟人。而在大城市,被出售的犹太人财产都是“没名没姓”的,买家更不会有道德顾虑。

纳粹统治者老谋深算地用这种手段来腐蚀群众的道德,他们认为,德国人民越是彻底地断绝了自己道德上的退路,就越能强烈地认同和支持纳粹统治,也就会更加“狂热”地为“最终胜利”而战。宣传部长戈培尔就此在日记中写道:“尤其是在犹太人问题上,我们已经走得这么远,绝没有任何退路了。这样也好。已经破釜沉舟的政治运动和民族,战斗起来要比还有退路的人坚决得多。”

但纳粹党的这个算计在战争末期却被证明是落了空的。一位汉堡的犹太商人由于“享受特权的跨种族婚姻”而在纳粹统治中活了下来,他在 1945 年初在自己的私人文件中写道,一部分德国群众对盟军即将取得的胜利非常恐惧。他写道:“很多占据了犹太人房屋和财物的人,今天非常害怕,担心犹太人会卷土重来,索回自己的财产,然后控告他们的抢劫和盗窃罪行。”

考虑到纳粹灭绝政策实施过程中发生的劫掠、“疯狂的”中饱私囊、未经授权的没收以及不受监管的对犹太人财产的分配和浪费到了多么惊人的规模,就可以得出结论:腐败绝非孤立的边缘现象,而是体制固有的普遍现象,或者说是纳粹统治系统的一个根本性行为。

一些历史学家和社会学家将纳粹对犹太人的大屠杀看作精确运转的官僚机器的齿轮组。比如,汉斯—京特·阿德勒的巨著《被管理的人》就持这样的观点。劳尔·希尔贝格认为纳粹官僚具有“不可腐蚀的计划和管理上的细致缜密”。一个非常夸张的例子是,社会学家齐格蒙·鲍曼将纳粹国家的体制阐释为马克斯·韦伯设想的那种官僚体制。而历史真相与上述的这些观点是不相符的。鲍曼对纳粹统治手段,比如帝国保安总局所属机构或占领区行政机关的世界观责任的认识是错误的。纳粹体制的结构和行为与韦伯描述的官僚体制概念的范畴完全无法调和。

当然,如果没有现代国家的官僚机构,对欧洲犹太人的规模如此之大的屠杀是不可能办得到的。但我们绝不可以简单化地将大屠杀视为一场不带个人感情的、官僚的、精确执行的国家罪行。专断残暴、个人和组织的公开谋取私利、个人的极端手段和措施,以及有时达到无政府主义程度的对犹太人的掠夺和谋杀——这些同样是大屠杀的特点。谋求物质利益不是大屠杀的动因,而只是它的一个伴随现象。但对于很多参与者来说,物质利益却是一个不可低估的动机。除了意识形态的狂热和道德败坏的官僚常规外,“低级”

的动机（比如贪婪），也对大屠杀起到了推动作用。在这样一个统治系统——重要的国家机构的运作不再受到正常原则的约束和监管，受害者被剥夺人性，受害者的财产则被以意识形态手段诬蔑为赃物——内，腐败找到了理想的温床。

腐败行为对大屠杀有三种形式的影响：1. 腐败是伴随大屠杀发生的“顺带效果”，对谋杀过程的影响是间接的；2. 腐败是大屠杀的促进因素，即凶手为了消灭自己腐败罪行的证人，将受害者谋杀；3. 有时，腐败阻碍或迟滞了大屠杀的实施，即受害者通过贿赂官员，挽救了自己的性命，或者暂时缓解了危局。

纳粹政权对“雅利安化”及随后的大屠杀过程中典型的腐败现象的态度是模棱两可的。一方面，腐败对纳粹政权的图谋是有利的，因为它给“犹太人政策”和大屠杀的执行者提供利益驱动，同时让他们深陷大屠杀罪行中，将他们紧紧地捆缚在纳粹体制的战车上，让他们不得脱身。从纳粹政权的角度来看，腐败的这种影响是有用的，否则腐败也不会达到现实中那种程度。

另一方面，纳粹政权的领导人，尤其是党卫军全国领袖海因里希·希姆莱，致力于将大屠杀与普通的谋财害命区别开，以维持一种建立在意识形态之上的道德观。希姆莱要求党卫军人员在执行大屠杀时也保持“正直”，即将谋杀视为不带个人感情色彩的意识形态的斗争任务，无私地予以执行。腐败与这种要求无法协调起来，因此让这种扭曲的道德观很成问题。主要是希姆莱企图用这种道德观来为大屠杀辩护。因此，与一般的实践相反的是，在处理犹太人的问题上，普通刑法仍然有效：在第三帝国，如果有人出于低级的动机杀死犹太人，而并非在完成组织赋予的任务，那么就算是谋杀犯。例如，柏林帝国铁路公司的一名工人于1943年底杀害了一名犹太妇女和她的“有一半犹太血统”的女儿，为的是侵吞她们的首饰。此人因双重谋杀被判处死刑，于1944年3月被处决。

纳粹党人试图把杀害犹太人的行为按照意识形态分成两类：要么是谋杀，要么是，按照希姆莱的话说，“在过去和将来都永远不会被书写下来的光辉一页”。但蔓延的腐败让这种区分很成问题。如果某人是在上级的保护和授意下，或者凭借公职权力杀死犹太人，那么就算在此过程中捞点油水，也不用担心受到刑法追究。如果凶手在此过程中表现出了“低级动机”(这是谋杀罪名成立的一个重要因素)——如贪婪、虐待狂、奸诈——虽然官方对此不能接受，但却默许地予以容忍，因为“低级动机”在功能上对大屠杀有用。只有那些追求私利，并且在体制框架之外杀死犹太人的凶手，才会被视为谋杀犯，遭到严惩。

现实中越是腐化堕落，党卫军全国领袖海因里希·希姆莱就越是慷慨激昂地要求党卫军人员无私和正直。在晚期的讲话中，希姆莱把腐败的责任推向了受害者，就好像犹太人被掠夺和杀害全怪他们自己似的。1944年1月，希姆莱完全不顾事实，但是忠实于“一切罪孽都怪犹太人”的反犹逻辑指出：“我们还没能消灭腐败，是因为我们还没有解决犹太人问题。”前文讲到的那位柏林帝国铁路公司工人和双重谋杀犯也信奉这样的荒诞逻辑。他在狱中给自己的妻子写信称：“犹太人毒害了我的灵魂，他们把我变成了猪狗。……对犹太人的仇恨永远不要停歇，他们给我们带来了不幸。”

4

反腐斗争及其局限

前页图:“国家社会主义人民福利行动”为柏林的“冬季救济行动”准备的圣诞节礼包(图片来源: Bundesarchiv, Bild 102-17313 / CC-BY-SA)。这些福利行动多成为纳粹各级组织中饱私囊的工具。

政治上对反腐的利用

“世界上没有任何一个其他政权，能够像国家社会主义政权这样，对所有形式的腐败展开如此彻底和坚决的斗争。”党卫军法官康拉德·摩根于 1943 年如此浓墨重彩地赞扬了第三帝国的反腐措施。在纳粹政权典型的自吹自擂中，为了将纳粹主义装扮成政治廉洁的化身，他们丝毫不会吝惜夸张的形容词，尽管宣传和真实情况——纳粹政权在体制上缺乏反腐能力——之间有着巨大的鸿沟。

在 1933 年初的纳粹夺权阶段，纳粹党人大力煽动了一场反腐斗争——这与右翼分子针对魏玛共和国腐败现象的宣传鼓动有关，他们还将民主体制诬蔑为“腐败透顶”。在这些斗争中，新官上任的普鲁士司法部长汉斯·凯尔特别活跃。他不仅发布了很多道反腐命令，还在国家检察官系统内设立了专门的反贪局。这些反贪局精神百倍地投入到对魏玛共和国腐败行为 (有真实的成分，也有子虚乌有的) 的调查中去。仅仅在普鲁士，反贪局就调查了超过 1 500 起案件，尤其偏好针对民主党派的著名政治家展开调查，比如阿尔托纳市长马克斯·布劳尔或杜塞尔多夫市长罗伯特·莱尔。除了确凿的渎职和越轨行为之外,查出来的绝大多数只是鸡毛蒜皮,电台和报纸却把这些事情夸大成了骇人听闻的丑闻。汉堡的一名市政府官员对这些腐败案件调查结果的评价是:“不值一提,因此都被驳回到了发起者那里。”这尤其是因为,这些所谓的腐败行为“和后来纳粹党的行径相比,完全是小巫见大巫”。

1933 年 5 月,纳粹政府对欺诈和贪腐的量刑标准予以提高,“情节严重的”可以判处最高十年监禁。“情节严重”是指“人民的利益受到损害”。这是典型的纳粹法学概念,弹性极大,可以随心所欲地加以解释。

虽然对刑法作了修订,还设立了专门的反贪局,但纳粹党人希望看到的潮水般的民主党人腐败案件却没有出现。这不仅是由于深度的调查并没有查出多少可以起诉的东西来,还因为纳粹党人对于反腐的利用是非常政治化的——首先是为了对“一体化”进行合法化,还有就是改建政治环境,以利于独裁。

在 1933 年初夏,纳粹独裁已经巩固,于是就不需要利用反腐来将自己的某些行为合法化了。新政权在国内的政治稳定不再受到先前的政敌的威胁。新的威胁是纳粹党自己的“革命”活跃分子,这些人是绊脚石,威胁到了纳粹党与保守精英阶层的联盟。于是,在 1933 年 5 月 31 日,希特勒向各省总督发布通令,“在最近几周内出现了一种过激倾向,即对过去发生的违法违规行为穷追不舍,时隔多年还要把人拉出来控告,这种事情必须立即停止”。经济界利益的代言人委托了刑法专家弗里德里希·格林起草一份备忘录,要求“对过往的腐败犯罪行为实施大赦”。帝国经济部长库尔特·施密特告诫,在腐败问题上要“保持克制和冷静”,以避免经济遭到恣意损害。另外,对魏玛共和国腐败案件的“嗅探”对纳粹党来说是搬起石头砸自己的脚,因为在纳粹党上台后的最初几个月内,就暴露出了大量的纳粹党人贪污腐败案件。原本用来清算旧“体制”代表人的法庭如果再开下去,就会变成审判新的统治者了。

于是,1933 年秋季,纳粹党的“反腐热情”迅速消退了。早在 1933 年 9 月 11 日,普鲁士司法部长就解散了新建的反贪局,而且没有任何组织机构来接替反贪局。纳粹党的政治盟友,比如“反贿赂协会”,在共同反对魏玛共和国腐败的过程中还非常受到纳粹党的欢迎,现在却被束之高阁,并被要求与纳粹“合作”。另外,在很短的时间之内,反腐本身也变成了一门油水很足的生意。例如,普鲁士州总理赫尔曼·戈林将烟草工厂主菲利普·F. 雷姆茨马的名字从普鲁士司法部的腐败案调查清单上画去。作为回报,在随后的年月中,雷姆茨马向戈林“捐赠”了几百万帝国马克,还给他奉上很多贵重礼品。如此看来,反腐斗士是在贼喊捉贼。

科尔杜拉·路德维希以柏林为例,详细描述了新的统治者是如何厚颜无耻地利用反腐来达到政治和个人的目的的。在帝都,戈林于 1933 年 3 月将柏林纳粹党议会党团主席和后来的市长尤利乌斯·利珀特任命为“国家特别专员”。利珀特凭借这个身份,立即开始大力打击他所认为的魏玛共和国“体制”内的腐败,拿过去的很多要么真实要么虚构的丑闻大做文章,非常狡黠地加以利用。在利珀特的领导下,纳粹党首先将柏林市政府的“数量众多的腐败无能分子清理出门户”,也就是说,排除异己分子,而把大量纳粹党员安排到公职岗位上。在对过去的腐败案的调查中,国家特别专员利珀特采用的手段虽然原始,但非常有效:他命令将犯罪嫌疑人予以"保护性监禁",然后利用其困境,敲诈钱财,令其减免租金,或给予其他形式的好处。嫌疑人会"多少是自愿"地将财物奉上。于是利珀特就把这些财物作为反腐斗争的"成果",展现在公众面前。

私营经济界,尤其是德累斯顿银行,也从国家特别专员利珀特的"友善干预"中获利,并随时向其报答。例如,利珀特从恩格尔哈特啤酒厂的总经理伊格纳茨·纳赫那里敲诈到价值250万帝国马克的股权,名义上是"补偿金",实际上是转给了德累斯顿银行。德累斯顿银行则将"格里尼克公园"转让给柏林市政府,并提供了85.1万帝国马克的现金。在这笔"交易"中,利珀特当然也要照顾自己的私人利益。他用15万帝国马克的公款将格里尼克公园内的"狩猎庄园"扩建,用作自己的豪华宅邸。国家特别专员利珀特对反腐斗争的利用不仅是为了政治目的,还是为了一己私欲。

独裁的体制问题

第三帝国蔓延的腐败问题的体制基础早在1933年初的“夺权”阶段就已形成。柏林的国家特别专员利珀特的专制手段——利用“保护性监禁”敲诈钱财——就是一个生动的例子。政治分权制度被废除,所有能够实施权力监管、阻止腐败蔓延的分权制衡机制都被排除掉了。议会被解散,或者被改造成唯一功能就是为领导人鼓掌喝彩的拍马机器。于是议会对行政权力起到平衡作用的监管功能也消失了,对财政的监管权、对违法行为的公开讨论、批判性的质询都不复存在,也不可能由议会任命监管和调查委员会。

第三帝国的统治者在短短几个月内就摆脱了对自己的行为做解释的所有责任,并通过对新闻界的“一体化”,让公众的批评都噤声了。在1933年之前,新闻界还能让很大一部分公众知晓当时的腐败现象,调动他们的情绪,甚至使得他们做出过激反应(右翼在反对魏玛“体制”的斗争中对此加以了利用)。1933年之后,新闻界的领导者就确保读者只能读到对政府的丰功伟绩歌功颂德的宣传。只有在统治者认为有利的时候,才会允许对贪赃枉法行为做报道。

有的时候,这种报道非常晦涩模糊,读者必须要有读懂字里行间言外之意的本事才行。新闻界在报道针对贪腐纳粹党官员的诉讼时,会对被告的政治身份做出非常艺术性的改写。于是,纳粹党的政工干部在报道中就变成了"在某位任职的领导干部"。

"元首国家"发展起来的统治结构是特别能够滋生腐败的温床。以希特勒为核心的纳粹政权领导层对反腐没什么兴趣,并且他们自视为一个国家社会主义同志集体的领导者,在这个集体里,元首和追随者的关系不仅是基于元首的领袖魅力,还特别依赖提携党羽的网络。从这个角度看,希特勒就是一个政治匪帮的头子。

与此同时,纳粹政府山头林立、叠床架屋,权力出现了无政府主义混乱状况。各种机关如野草般蔓生,把权力监管弄到了荒谬的地步。如果有新的任务,并不是将其委派给现有的机关,而是交给"领导层直属"的特别办公室和国家专员。党和国家的机关之间的区别也越来越含糊不清。于是,不仅是统一的国家结构,就连统一的国家财政结构也在渐渐瓦解。各种黑基金和特别基金蛀空了国家财政结构,对其生存构成了威胁。在这过程中表现最突出的是那些与元首有着直接关系的机构和个人,比如各省部书记和总督,越来越没人能对他们有所约束。

另外,很多机构的非常规的办事方式也让人很难对其进行监管。如果谁不受法律规章的约束,自然就没人能对其问责。在纳粹德国,不仅"措施国家"[①]的经典机构(比如警察)是这样,那些"规则国家"行政机关的核心领域也是如此。这些核心领域同样不按有规则约束的行为准则行事,而是将自己从法制的"束缚"中"解放"出来。

那些仍然存在的监管机构,比如司法部门,在纳粹统治系统中丧失了独立性,蜕变成"元首国家"的依赖性很强的功能性组成部分。帝国审计总署作为"规则国家"机构的一个典型例子,再也无力对行政部门实施监管,在纳粹统治系统中被贬为次要机构。只有在各机构的明争暗斗中赢得了强有力的政治盟友时,帝国审计总署才能在个别案件中发挥有效的监管作用。这个曾经非常强势的财政监管机构就这样被剥夺了独立性,只能从事"支持与顾问"工作,正如赖纳·韦纳特对帝国审计总署的缜密研究得出的结论那样。

在魏玛共和国时期,帝国审计总署在维护国家财政秩序方面扮演了重要角色,因此在财政部长面前也很强势。但从1933年初开始,它的权威就不断遭到消解。1933年4月4日,希特勒的帝国内阁决定,不允许帝国审计总署插手对国防军的监管,也就是禁止它去监管猛涨的军备支出。这个决定给帝国审计总署的地位造成了深远影响,因为其他部门从这件事情受到了鼓励,纷纷摆脱帝国审计总署的监管,完全无视国家财政秩序。帝国邮政部长奥内佐格甚至禁止帝国审计总署的审计员进入邮政部大楼,并指责帝国审计总

① 德裔美籍法学家和政治学家恩斯特·弗伦克尔(1898—1975)在其1940年在美国首版的研究纳粹德国的名著《双重国家》中提出了"措施国家"和"规则国家"这两个概念。"规则国家"是指依法行事、有既定的方针原则并借此保护私营经济的国家。"措施国家"是指没有长期性原则,而是随着形势变化不断推出应对措施的国家。弗伦克尔认为,纳粹德国是兼有"措施国家"和"规则国家"特征的"双重国家"。

署死守着“植根于最深度的自由主义”的传统。

1938 年,帝国审计总署的新任署长、纳粹党人海因里希 · 米勒从总署监管职能的不断丧失中得出了教训,把总署的任务定性为“预见性的支持和顾问工作”,并与各机关做好了安排。他这么做是为了让总署能够继续生存下去。比如,在 1941 年 3 月,他与纳粹党总财务官施瓦茨约定,明确放弃了对从国家财政拨款给纳粹党这种行为的监管权。于是,施瓦茨就变成了事实上的“党的审计总署署长”,尽管正如前文所示,他实际上从来没有办法对党的财政进行有效监管,因为他对国家财政资金向纳粹党的很多流动情况根本不知情。

对帝国审计总署署长而言,对监管权的正式放弃还算可以忍受,因为在开战以后,他在“老帝国”境内虽然仍无权进行审计工作,但可以把主要精力投向占领区。但是,在占领区,帝国审计总署的审计权仍然与纳粹党统治系统发生了冲突。在波兰总督区,汉斯 · 弗兰克设立了自己的“波兰总督区审计局”,于是架空了帝国审计总署的审计权。由于帝国东欧占领区事务部的阻挠,帝国审计总署一直到 1943 年才取得对这些地区的审计管辖权。正如赖纳 · 韦纳特研究得出的结论,帝国审计总署“受到政治和意识形态上的驱动,主动放弃了对党卫军和警察的监管权”,因为党卫军全国领袖海因里希 · 希姆莱往往会倾向于“摆脱党卫军之外机关的讨厌的监管”。事实上,帝国审计总署的努力往往是无功而返,他们的审计档案中充斥着“财务凭证被扣留”、“搁置至战后”、“无法进行审计”或者“审计总署于 1942 年 2 月 28 日将案情陈述给帝国总理府幕僚长,但直到1945年3月也没有做出任何决定”之类的字眼。

地方性的审计部门处境更为艰难。各地的审计局在1937年4月之后被改编为帝国审计总署的分支机构。由于势力强大的省部书记、总督和州总理们的阻挠,几乎完全无法进行财务监管和审计。早在1934年,普鲁士州总理戈林就将普鲁士州高级审计局阉割掉了,因为后者(在戈林看来)居然胆敢对演员的薪俸标准提出非难。对戈林而言,这种批评与元首原则是无法调和的,于是他斥责道,没有人比“我,普鲁士的最高领导人”更懂得普鲁士州的利益。这简直是“朕即国家”的一个冗长的翻版。

在汉堡,当地审计局的局长、纳粹党员库尔特·朗格试图迫使当地的权贵进行合法合规的财务管理,却酿出了一场大乱。朗格对数量众多的小金库和特别基金(它们不受任何监管,在国家财政计划的框架之外运行)作了批评;因此他和州政府高官格奥尔格·阿伦斯大吵了一番。最后,朗格向当权的总督兼省部书记考夫曼发出了呼吁,反映出了汉堡行政部门对待审计局的粗暴无礼和肆无忌惮:

> 在这方面,我还必须指出,我当时的代表尽职尽责地对基金进行审查时,阿伦斯先生对他大加威胁,声称要扫荡审计局,“打他个鸡飞狗跳”。在议会的监管权被撤销之后,审计局就成了这个专制国家中硕果仅存的审计机关,其职责是对国家依法进行的金融和经济行为做出监管。毫无疑问,就连审计局的威望和权力也遭到了系统性的破坏。

总督接到朗格的报告后,没有任何支持这位陷入困境的审计局长的意思。于是,朗格把关于汉堡腐败情况的报告交给了一位在党卫军保安处任职的好友。这份报告最后被送到了希姆莱和海德里希的办公桌上。但他们对澄清此案没有任何兴趣,因为他们不想影响自己和省部书记考夫曼的关系。后来,朗格被汉堡市长撤职,并受到了处分调查。但朗格在党卫军领导层很有靠山,于是针对他的调查被撤销了,他本人被调到新成立的四年计划机关。这个"解决方案"一方面让涉及此事的各方都有个台阶可下,但另一方面却表明,再也没有人能够对汉堡财政进行系统性监管了。

传统的监管机构 (其中最重要的是帝国审计总署) 被解散或边缘化,使得纳粹党人可以摆脱烦人的审查和责任义务,但却导致腐败现象猛增,而且并非所有的腐败现象对纳粹政权来说都是有利的。保安警察及党卫军保安处长官莱因哈特·海德里希指出,"腐败案件数量激增",但他将此完全归咎于 1939 年开战后的新局势,而没有去探究腐败的体制原因。对于这个困局,纳粹政权做出的反应对"元首国家"来说是很典型的:它没有返回到传统的"规则国家"的统治基础上去,重新将权力和职能赋予传统的监管机构,而是开展了"措施国家"的活动。

于是,1941 年,帝国保安总局第五局在帝国刑事警察的框架内组建了一个"反腐特别处",也称为"帝国反腐中央处"。帝国反腐中央处的规模有时达到了一百多名官员,任务是对反腐调查进行中央协调。它的模板是 20 世纪 30 年代曾调查西墙工程腐败案的帝国刑事警察威斯巴登分局。

当时,建筑公司的诡计花招和豆腐渣工程到了骇人听闻的地步。比如,混凝土的砾石和水泥比例有问题,导致西墙工事出现了很多孔洞,而且漏水,根本无法抵挡炮击,下雨的时候碉堡内的人员就只能淋雨。帝国刑事警察威斯巴登分局开展了几百项调查,但始终未能抓到足够证据提起诉讼,因为纳粹宣传机器将西墙鼓吹为“前无古人的宏伟工程”,如果提起诉讼,就会戳破这个美丽的泡沫。为了把丑闻封堵住,建筑工程总监弗里茨·托特把所有的调查都叫停了,还迫使建筑公司向冬季救济行动“捐款50万帝国马克”。尽管出了这么大的娄子,希特勒仍然向托特赠送了10万帝国马克的免税礼金,以表彰他“在建设德国西线防御工事中的卓越贡献”。

帝国刑事警察威斯巴登分局的反腐经验令人垂头丧气,因为他们的每一个活动都会触及统治集团的底线。以它为样板的帝国反腐中央处的经历也好不到哪儿去。负责国防军、党卫军、警察和军械工业界腐败案的部门主任,党卫军少校弗里茨·基纳后来回忆时说,帝国反腐中央处的工作往往是“徒劳无功”的。他谈到了“工作上的举步维艰”以及主要是建立在“党和私人政治”之上的“政治冲突”。随着战事吃紧,人手也越来越成问题,于是他“越来越清醒地认识到了我们的工作毫无意义”。这句话一针见血地说明了,帝国反腐中央处的活动空间是多么狭窄,效率是多么低下。

朋党之交、门阀统治与官官相护

有效的反腐措施遇到的最严重障碍是纳粹统治集团的关系网以及纳粹运动的朋党之交。这些现象一方面通过提携和扶助党羽，形成了腐败的一个重要来源，正如前文所示；另一方面，通过官官相护，以多种手段保护腐败官员免受处罚，嫌疑犯往往得到自己上司的庇护，批评者则遭到公开的威吓。纳粹统治系统的基本特征植根于纳粹“运动”，系统性地阻挠反腐和调查。下面将以典型案件为基础，对此做一番详细分析。

第三帝国时期最大的一起腐败丑闻，杜塞尔多夫市税务局长埃施的案件，非常典型地体现出了纳粹体制特有的结党营私和官官相护。这起丑闻的开端要一直回溯到魏玛共和国末期。埃里希·埃施当时还是“杜塞尔多夫—北方”财政局的财务秘书和税务监察官。他收受了一些企业的贿赂，于是慷慨地对其逃税行为睁一只眼闭一只眼。纳粹党掌权之后，已经成为冲锋队中队长的埃施加入了市长和纳粹党人汉斯·瓦根菲尔的亲信圈子，于是很快飞黄腾达，得到多次跳跃式提升，从高级税务秘书一直升到杜塞尔多夫市税务局长,于是他的腐败行为就更加有恃无恐了。作为税务局长的埃施俨然是一位“税务独裁者”,不仅收受企业的贿赂,还向著名的大企业 (比如曼内斯曼钢管厂和汉高公司) 系统性地敲诈勒索,故意向它们征收远远超过规定的税款,在收到这些企业的“捐款”之后才高抬贵手。仅仅汉高公司就向埃施行贿 60 万帝国马克,埃施把这笔钱放在了自己办公室的一个钱箱内。埃施的活动一共有 15 个同谋,大多数来自杜塞尔多夫的党和冲锋队组织,其中有些人,比如议员兼县级机关干部奥托·舒尔伯甚至是纳粹党的“老近卫军”。在选择同谋的时候,埃施特别重视政治靠山。在“捐款”的分配上,他也是这样考虑的。例如,在敲诈曼内斯曼钢管厂的时候,埃施及其同谋不仅自己拿到了相应的“酬谢”,还让曼内斯曼公司向市长的“市政厅新建工程账户”打了 5 万帝国马克的“捐款”,另外还给当地的冲锋队第 39 旗队的领导人送了一辆汽车。

埃施的自我保护策略多年来一直非常成功。他贪腐的数额特别巨大,已经不可能掩盖得住,但和他穿一条裤子的市长瓦根菲尔一直罩着他。埃施的两名下属向瓦根菲尔检举埃施的受贿行为,却遭到处分,被当场解雇。瓦根菲尔看都不看检举信一眼,就对其中一名检举人吼道:“您记好了,埃施是我的人!”瓦根菲尔对埃施贪腐行为的遮掩有时候到了滑稽荒唐的地步。有人检举说,瓦根菲尔和埃施有受贿行为。作为被检举者和嫌疑人的瓦根菲尔却命令进行审查,而且居然厚颜无耻地任命同为被告的埃里希·埃施负责审查。埃施自然是在几天后尽本分地向市长报告说,“检举的事情纯属子虚乌有”。

埃施如果不是卷入了纳粹党两个派系之间的权力斗争，说不定可以一直逍遥法外到战争结束。其中一个派系以市长瓦根菲尔和杜塞尔多夫省部书记弗洛里安为首；另一派的领导人是杜塞尔多夫警察局长弗里茨·魏策尔、主管的行政专区主席施密特和埃森省长兼省部书记特博文，他们出于不同的原因，对“埃施案”加以利用，以便扳倒自己的竞争对手和政敌。年轻的警察局长魏策尔希望改善自己的恶名，于是将自己打扮成政治清廉的捍卫者；行政专区主席施密特作为内政的代表人，与党在省内的最高代表，省部书记弗洛里安存在着潜在的对立关系；省长兼省部书记特博文则一心要整一整自己的竞争对手和死敌弗洛里安。1937 年初，杜塞尔多夫刑事警察收到了关于埃施贪腐情况的秘密报告，于是埃施在当地的伪装措施也失效了。埃施的税务局起初不肯向刑事警察提供相应的信息，但后来施密特介入了此事，于是税务局不得不交出档案。现在丑闻是怎么捂也捂不住了，尤其是因为很多机关都急于对“埃施案”加以政治上的利用。随后的刑事诉讼不仅将埃施及其同伙判刑，仅埃施就获刑十五年，还导致市长瓦根菲尔被迫辞职。省部书记弗洛里安一度想保住瓦根菲尔，但省部书记特博文坚决要求将他解职。

“埃施案”不仅表明派系统治和官官相护在庇护贪腐分子时起到了多大的作用，还揭示了这种庇护的局限，因为纳粹德国的政治权力山头林立、互相竞争。当然，这种竞争关系的临时性和随意性比较大，并不能构成一个纳粹体制特有的、有效的反腐监管元素。更何况，纳粹体制中滋生腐败的力量要远远超过政治上的监管效力。

对于腐败分子来说，除非他们卷入了体制内部的权力斗争，或是在自己的靠山和保护人眼中失去了所有的利用价值，或是侵吞了党及其组织的财产，否则就不必害怕自己的腐败行为受到检举控诉。在贪污党产方面，仅从 1934 至 1941 年，纳粹党总财务官施瓦茨就在普通法庭提起了 10 887 项诉讼。当然，如此之高的数字也仍然只是冰山一角，因为只有那些由纳粹党总财务官提出的刑事诉讼才会被提交到普通法庭，而国家检察官被明确禁止独立开展调查，也无权没收纳粹党的账簿和财务凭证。因此，法庭在判决时只能完全依赖纳粹党总财务官及其审计员提供的信息。另外，纳粹党总财务官还有权要求将案件进行秘密审理，可以指定证人和专业鉴定人员，或者将审理进程限制到个别犯罪事实上。纳粹党总财务官的审计员作为证人、专业鉴定人员和观察员参加庭审，对法庭进行监视，确保法庭遵守上述原则。于是，司法部门的调查和审理的空间被限制得很死，只有纳粹党总财务官认为有利的那些党内腐败案件才会受到审理。总财务官会从政治、私人关系或其他因素上考虑，对某些贪腐分子不予处罚，于是这些案情就会被遮掩起来。施瓦茨还特别命令，“没有他的批准，不得对任何财务过失提起诉讼，也不准在机关当局做相应的陈述和证词”。

纳粹政权对贪腐的遮掩究竟到了什么样的程度，无法做出精确的量化的评判。国家警察机关几乎定期地在其形势报告中指出，对纳粹党造成损害的腐败现象也会“被领导层捂起来”。有的时候，贪腐分子只要“承诺将赃款退还”，就可以免受刑事起诉。如果贪腐分子的亲属或家人做出退回赃款的承诺,哪怕是已经启动的诉讼程序也可以被撤销。有时仅仅将腐败的公职人员调动到其他地方,就算是处罚过了。例如,国家社会主义企业单位组织驻多特蒙德分支的一名干部贪污了 3 700 帝国马克,几周后就在邻近的韦尔改任“国家社会主义人民福利行动”的募款人;德意志劳工阵线的一名县级领导人在盗窃案发后被从皮尔马森斯调到圣因格贝尔特;一名德意志劳工阵线干部贪污了万兹贝克一家鱼罐头厂的钱,随后被“安置”到布洛姆—福斯造船厂。

在有些案件中,腐败的纳粹党人损害的不是纳粹党及其组织机构的利益,警察和司法部门的调查和活动空间就大很多,因为他们不需要屈从于纳粹党总财务官的严格规定。但在这些案件中,他们却常常遇到纳粹高官的顽强抵抗。这些高官认为庇护自己的下属是天经地义的事情,而且他们在“斗争年代”就养成了对警察和司法部门的强烈憎恶。

国家警察机关报告称,纳粹党的政工干部常常阻挠调查机关的工作,“甚至庇护”嫌疑犯。帝国司法部长居特纳的工作日志中记录了很多纳粹党官员绕过警察和司法部门,对法官和检察官进行威胁恐吓的案件。例如,上巴伐利亚省部书记瓦格纳就不容置辩地告诉一名正在调查腐败案的慕尼黑检察官,“他禁止逮捕党的干部”,也“绝不会容忍”相应的司法程序。他还坚持要求,在所有案件中,“应征得他的同意,因为他是党的高级领导人”。

汉堡的一名“老战士”和警察中尉由于腐败被捕,汉堡省部书记考夫曼做出指示,如果国家检察官要对此人采取法律措施,“就必须修改法律。他会把这事知会副元首”。后来涉案的这名警官在狱中自杀,省部书记命令 2 500 名政工干部大举出动,参加了他的葬礼,并命令治安警察为其设置荣誉警卫,另外还在讣告中称死者为“忠心耿耿、尽职尽责的楷模”。

其他的省部书记则在法官和检察官不肯屈从于他们的意志时,直截了当地向他们发出暴力威胁。1935 年,卡塞尔的一些冲锋队打手将一名犹太牲畜商人打成重伤,一名地方法官“大胆”地将凶手以集体人身伤害的罪名判刑。黑森选侯省的省部书记卡尔·魏因里希把卡塞尔高级地方法院的院长找来,向他宣布,“义愤填膺的群众虽然不会对法院不利,但却很可能给法庭领导 (地方法官丰克) 本人一点颜色看看。警察是保护不了他的。法官是不会被撤职的,但他们也不是刀枪不入”。魏因里希以书面形式向帝国司法部的国务秘书罗兰·弗赖斯勒通知,他要“用打狗的鞭子狠揍丰克博士一顿,这是他活该”。弄不好就要发生“法官被拖出自己的家,痛打一顿,拖着游街”这样不光彩的事情。如果不是丰克的上级坚决支持他,而且卡塞尔的警察局长派遣警察保护他的话,他无疑就会遭到这样的毒手。

在有些案例中,地方法院和高级地方法院的院长们对党的干部的告诫百依百顺。1937 年,什未林地方法院公开审理一起腐败案,梅克伦堡省部书记弗里德里希·希尔德布兰特向院长抱怨,“这是在丢党的脸面”。什未林地方法院院长对负责此案的主审法官大加训斥,责怪他没有将此案进行秘密审理,“而是公开行事,坏了党的一名高级领导人的面子,也就是让党在公众眼中丢了份”。萨尔布吕肯地方法院院长对萨尔普法尔茨省部书记约瑟夫·比克尔也是奴颜婢膝。比克尔要求将一名地方法官从圣文德尔调走，因为此人胆大包天，居然在一份判决书中将圣文德尔蔓延的腐败现象称为“结党营私”，因此他就是“党和国家的敌人”。地方法院院长认为将此人调动是“有好处的”，并请求高级地方法院院长为此“打开方便之门”。

在某些案件中，司法部门已经完全是卑躬屈膝，根本不需要领导的政治干预，他们也会主动为其分忧。比如针对法兰克福的莱纳公司的调查就是这样。1938/1939 年，该公司涉嫌逃汇 300 万帝国马克、逃税 1 200 万帝国马克，受到调查。莱纳公司的诉讼代理人，来自柏林的奥斯瓦尔德·弗赖斯勒博士是国务秘书和后来的人民法庭庭长罗兰·弗赖斯勒的兄弟。奥斯瓦尔德·弗赖斯勒为了将此案撤销，大肆贿赂，被他拉下水的人包括省部书记尤利乌斯·施特莱彻的副官，党卫军中尉里赛尔以及黑森—拿骚省部经济顾问卡尔·艾卡特和上巴伐利亚县议会主席克里斯蒂安·韦伯。韦伯每年从莱纳公司收受的礼物价值就高达 2 万帝国马克。后来，柏林总检察院以行贿罪名对弗赖斯勒展开调查，将他传讯。1939 年 3 月 4 日，弗赖斯勒从审讯室跳窗自杀身亡。柏林总检察院就此将此案了结，尽管他们推测，“弗赖斯勒博士行贿也不是第一次了”。总检察院还放弃对弗赖斯勒的档案进行收缴，因为他们担心，“可能会把他的兄弟，国务秘书弗赖斯勒博士也卷进来”。在此案中，司法部门虽然成功地揭露了一个私人关系的腐败网络（这种网络在纳粹统治下是司空见惯的），但却没有足够的勇气来一查到底，毕竟放弃对弗赖斯勒这样的上级的调查要安全得多,对自己的职业前景也更有利。

甚至在涉嫌腐败的人“仅仅”是达官贵人的亲属的时候,负责调查的国家检察官也要首先获得政工干部的许可,才敢提起诉讼。一个典型的例子是,德意志劳工阵线全国领袖兼纳粹党全国组织部长罗伯特·莱伊的一个兄弟弗里德里希·莱伊从联合维勒煤球厂的员工退休金账户贪污了几千帝国马克。在提起诉讼之前,负责调查的国家检察官先到科隆地方法院求得了帝国司法部的支持。这位检察官在文件中写道:“由于被告是全国组织部长莱伊博士的近亲,我认为有必要先呈送报告。”“上面”没有提出什么原则上的异议,于是诉讼就展开了,但是始终没有根据惯例,将莱伊拘留,最后也只是非常宽大地判了一年徒刑。

莱伊得到从轻发落,一个原因是法庭对其精神状态作了司法鉴定。这个鉴定结果是一个非常罕见的对政府的隐秘批评。帝国司法部长的私人助理汉斯·冯·多纳尼非常明确,然而肯定是私下里偷着乐地,将这个鉴定结果记录进了帝国司法部的工作日志:“根据被鉴定者自己的供述,莱伊的家庭中精神疾病和酗酒狂的现象非常多。……据说他的多个兄弟姐妹都是低能儿。……莱伊是个典型的酒鬼,显示出酗酒的很多身体和精神上的症状……在检查中,莱伊给人的印象是一个好脾气、意志薄弱的白痴。”

这些句子的真正描写对象倒不是被告,而是他的兄弟罗伯特·莱伊,后者的酗酒是全国有名的,因此被戏称为“帝国酒鬼”。“莱伊案”是个非常罕见的例外,因为一般来讲,纳粹党人通过私交和裙带关系,往往能把调查掐灭在萌芽状态,根本不怕刑罚追究。

例如,已退休的前任帝国经济部长库尔特·施密特的兄弟威廉·施密特是领导库克斯港航运局的行政专员。他花天酒地、穷奢极欲,并从与他有公务往来的公司“借”钱来维持这种奢侈的生活。只消他的兄弟库尔特·施密特给汉堡市长写封信,就把丑闻遮掩了下去。威廉·施密特被从千夫所指的境地中解救了出来,调到另外一个单位担任行政专员,尽管帝国交通部的一位部级官员提出,根本不需要这么给库尔特·施密特面子,因为他“已经离职”。纳粹政权的领导人们哪怕是已经退休,仍然能得到这样的照顾和优待。

考虑到这样的现实,读者应该丝毫不会感到奇怪,在第三帝国,反腐不仅仅是主管的司法机关的责任。尤其是,政工干部对司法部门施加的影响会将刑事调查和审理转移到政治领域中。甚至是否提起诉讼,就已经是个政治问题,因此要在政治领域内解决。

于是,很多腐败的纳粹党人虽然犯罪事实铁证如山,但还是能够逍遥法外,因为他们能够找到政治靠山。这些靠山会把调查程序撤销,或者为他们争取宽大处理,比如根据 1934 年 8 月 7 日颁布的《赦免法》。这道所谓的《赦免法》是在兴登堡逝世、希特勒就任帝国总理兼帝国总统之后颁布的,根据其规定,被判处六个月以下监禁或被处以1 000帝国马克以下罚金的犯人有可能得到赦免。因此,政治干预的一个重要目标就是,将哪怕是腐败极其严重、犯罪事实清楚的纳粹党人的刑罚减为六个月监禁,这样随后就可以对其完全赦免。

最凶残的纳粹党人之一,纳粹党帝国议会议员和海尔布隆县书记理夏德·德劳茨尽管罪行累累,仍然有恃无恐、逍遥法外。他不仅犯下了多起贪污案，比如贪污了“德意志人民冬季救济行动”的捐款，还被证实有严重人身伤害、僭越职权、非法监禁等罪行。副元首亲自向帝国司法部长发出干预，于是针对德劳茨的审讯于 1936 年 5 月被叫停，根据就是《赦免法》。

还有一位纳粹党市长和商人，来自巴德霍内夫的贝尔，也享受到了《赦免法》的阳光雨露，尽管他已经被证明犯有贪污罪，而且仅在 1934 年，波恩检察院还在对他进行多起调查，不仅包括五项贪污罪名，还有四项性犯罪、四项非法监禁、三项逃避处罚、三项侮辱他人、两项人身伤害、两项职务犯罪、一项偷窃汽车的罪名。科隆省部书记约瑟夫·格罗厄在写给帝国司法部的说情信中称，贝尔“本性善良”，做出这些事情，完全是因为对“国家社会主义的过度热情”。另外，格罗厄还在党报《西德意志观察家》发表了两篇文章，将贝尔得到的赦免（它造成了恶劣影响）描述为“粉碎了对我党同志的迫害企图”。

1934 年 11 月，一些年轻的纳粹主义者在阿豪斯发动爆炸袭击，将当地的犹太会堂大部分摧毁。他们得到了纳粹领导人的照顾和庇护。当时担任副元首幕僚长的马丁·鲍曼发表讲话，要求撤销诉讼，因为“这会给敌对势力的煽动造成口实”；犯罪分子的上级将他们称为“我们的革命理想和革命青年的真正精英”；于是负责此案的哈姆总检察院也同意撤销此案，因为不追究下去，“也不会造成什么影响”。

除了对司法部门施加影响之外，有些纳粹党人还有一种办法可以阻挠纳粹党官员受到处罚：他们将案件，尤其是腐败案，移交给纳粹党自己的法庭,在党内部处理案件,把普通法庭排除出去。纳粹党内法庭的前身是1933年以前的调查与调解委员会(Uschla),从党支部领导人以上,由具体负责的高级领导人管辖。这些高级领导人有权将主管法官撤职。根据1934年2月纳粹党中央发布的指令,党内法庭的最高职责是维护党及其成员的声誉,并对意见分歧进行调解。正因为此,党内法庭算不得真正的独立司法机关,而是党内机关,它存在的理由就是为了从政治上利用它。因此,党内法庭的判决是由纳粹党的朋党之交、门阀和小集团结构来决定的,于是被告能够受到什么样的处理,首先取决于他在党的等级结构中的地位,他是否从属于某个特定的统治小集团,以及政治上和私人关系上的机会主义。

一般来讲,党内法庭对普通法庭的判决只有事后确认和追加功能:由于腐败或其他罪行而被普通法庭判刑的纳粹党人,随后会被送上党内法庭,党内法庭的最终判决一般都是开除党籍。但在某些案例中,普通法庭和党内法庭的判决迥然不同。有的贪官能够完全逃避普通法庭的判决处罚,在党内法庭被无罪开释,或者只是被训斥一顿,就算"处罚"过了。例如,纳粹党县级机关书记兼布洛姆贝格市长维尔纳·坎佩组织了系统性地廉价抛售波兰人财产的活动,还贪污了东欧托管总局的50万帝国马克。但是党中央办公室、帝国总理府、帝国司法部和但泽—西普鲁士省部一致决定,把此案捂住,于是针对坎佩的诉讼程序就被撤销了。坎佩受到的"处罚"仅仅是被一个党内法庭"警告"一番,并"三年不得担任公职"。但就连这个处罚也没有被真正执行,因为布洛姆贝格市长马上被任命为但泽城的新县级机关书记。

这种做法在政权内部绝非受到所有人的鼓掌欢迎,比如盖世太保就在多起案件的基础上指出,“此类过失仅仅在党内法庭上处理,就算了事,是不合适的”。但党内法庭常常被用来替代普通法庭,以便让纳粹党人逃避公开的刑事诉讼。但是,这因不同案例而异,绝不是系统性的固定方案,因为如果那样的话,党内法庭及最高“党内法官”瓦尔特·布赫在纳粹党内的权力就未免太大了。布赫作了很多努力,希望能以成文法典的形式正式规定,在审理涉及党员的案件时,党内法庭相对于普通法庭应当有优先权,他的努力全都白费了。如果布赫的美梦成真的话,党的高官就没办法根据具体情况选择将腐败案件交给普通法庭还是党内法庭处理了。

党内法庭要随时为纳粹党干部服务,但绝不能成为一支能够对党的干部指手画脚,甚至对其有约束力的独立力量。1942 年,最高党内法官布赫胆大包天地反对希特勒的一项决定,将省部书记约瑟夫·瓦格纳开除党籍,遭到了希特勒狗血喷头的痛斥,党内法庭的政治势力一下子锐减为零。1942 年 11 月 21 日,希特勒在命令中指示,党内法庭不应当“根据正式法律的观点,而是应当遵照党的运动的政治需求”进行裁决。

“元首”对持久的反腐斗争并无兴趣。他自己就利用提携和赠礼的体制来巩固自己的权力地位,以及赏赐忠实的追随者。谁要是做出对他本人不忠不孝的事情,或者触犯了纳粹意识形态的基本原则,希特勒是极其严厉、绝不宽贷的;但对于部下的中饱私囊和腐败行为,他一般是会罩着的。第三帝国期间被撤职的所有省部书记和政权高级领导人中没有一个是因为腐败倒台的。“如果我们这里有人因为腐败被判刑,我们不可以说:看哪,这都是什么世道!这都只是个案而已!”希特勒有一次在餐桌上谈话时把腐败问题就这么不屑一顾地打发掉了。

只有在一个方面,希特勒会比较敏感,那就是“党或国家公职人员与私营经济的联系”这个话题。1942 年他有一次滔滔不绝地就此话题谈了一整夜。他批评了有些帝国议会议员在私企董事会任职的事情,并要求党的领导干部“不要牵扯到私营经济利益中去”,甚至尽可能不要收受私企的好处。有 139 名帝国议会 (议会本来也没有什么影响力) 议员遵照指示,放弃了在私企董事会的职务,但大多数干部都把希特勒的这番命令当作耳旁风。希特勒这么做倒并不是因为反对腐败,而是因为他首先要确保自己个人的地位。他要党的领导干部直接地、彻底地忠诚于他一个人,而不是同时还要兼顾私企的利益。

例如,希特勒得知,帝国经济部长瓦尔特・丰克在 60 岁大寿时收到了 52 万帝国马克的礼金,其中 25 万是德国经济界捐赠的。于是他也向丰克赠送了 52 万帝国马克,但有一个条件,就是要他将那 25 万退还。希特勒就是用这种手段来巩固帝国经济部长对他本人的彻底忠诚的。

与希特勒不同的是,党卫军全国领袖海因里希・希姆莱对腐败问题高度关注。作为德国警察的最高长官,他在很大程度上是反腐的主管领导。1939 年,党卫军和警察的司法部门取得了独立地位,在此框架下,希姆莱事实上已经拥有了一名最高司法长官的职权。

他为自己确立了很多保留权力,比如,对党卫军干部和警官的判决需要得到他本人的确认方可生效。他还非常学究气地、不厌其烦地亲自处理了很多个案。希姆莱与冷漠超然的希特勒相比,有一个迥然不同的性格特征,即喜欢道德说教,还雄心勃勃地要用一种党卫军自己的道德来教育党卫军和警察成员。因此,他不仅对于那些被他认为是"对德意志、对党卫军的犯罪"的腐败案不容置辩地拒绝予以庇护,还在多个场合连篇累牍地阐述"党卫军关于财产神圣性的基本法则",他在其中宣告了自己的观点:"一名北欧人的荣誉不允许他去侵犯他人的财产。"

对党卫军法庭总部,他坚持要求"对任何形式的行贿受贿行为,务必从重严惩",并批评党卫军和警察法庭的判决"过于宽大"。事实上,现存的附有判决结果的案件概览资料表明,与集中营囚犯、波兰人和犹太人建立私人关系而受到的处罚要比侵吞这些人的财产而受到的处罚严重得多。

希姆莱的道德呼吁及党卫军和警察法庭的反腐活动与事实真相——党卫军是最腐败的机构之一——形成了鲜明对照。在所有针对党卫军成员的诉讼中,财产犯罪的案件占到很大比例(1942年是47.55%,1943年是43.13%),仅这一点就对"党卫军关于财产神圣性的基本法则"构成了莫大的讽刺。在党卫军人员犯罪的全部案件中,抢劫案的比例是在国防军中比例的两倍;行贿受贿案件的比例甚至是国防军的八倍。在党卫军所属或者与党卫军联系紧密的企业中,贪污腐败是家常便饭。仅在褐煤汽油股份公司,在很短时间内,就有七名党卫军干部因为腐败而被革职。帝国保安总局为了搜集情报而组建的很多企业中都有类似现象。正如前文所述,党卫军控制的集中营以及党卫军和警察干部在占领区的指挥部,都是腐败的罪恶泥沼。

只有在少数案件中,帝国保安总局才动用了党卫军和警察的司法部门来调查审理,因为党卫军和警察内部官官相护,保护自己人不受查处,而且上级也很少会揭发部下的过失。在这个由暴力、中饱私囊和非常规的行事方式焊接而成的密谋小集体内,谁要是告发同事或上级的腐败行为,不仅没有人相信他,他还会被认为是爱发怨言的牢骚鬼,被疏远、被处分调离。一名刑警专员检举同事的腐败和黑市交易行为,却被以"滥用职权、胁迫他人"的罪名关押了六周之久,在此期间他的同事们把全部对自己不利的证据消灭得一干二净。最后这名刑警专员被贬到了一座"劳改营"任职。

党卫军和警察机器的例子证明,尽管希姆莱发出了道德呼吁,尽管党卫军和警察法庭致力于打击腐败,但面对纳粹体制上的有利于腐败滋生的决定因素,反腐斗争仍然是毫无效力:"黑色骑士团"脱离了任何形式的权力监管,完全逃避了正常的法规原则,其行事手段极其凶残(这激发了党卫军人员的低级本能),这一切都挫败了党卫军全国领袖怪异的道德教育努力。他的理想是,党卫军成员应当是意识形态的斗士,"正直体面"地,也就是说,毫不利己、不带感情地执行大屠杀任务。然而,现实中的党卫军却是嗜血、腐败的"主宰种族"。

战时的丢车保帅

在战争后半期，纳粹德国面临战败的威胁，多种事件交织起来，给政权领导层施加压力，迫使他们比以往作出更大的努力来打击腐败。一方面，本来就被边缘化的监管机构在战时受到了进一步削弱，比如前文已经讲到，帝国审计总署在战争爆发后就丧失了在“老帝国”境内的全部审计权。如果非正式的公告可信的话，开战之后腐败案的数量也“激增”了。同时，“闪电战”概念于1941/1942年在莫斯科城下破产，盟军于1942年初开始对德国大城市展开地毯式轰炸，这使得德国民众的苦难大大增加，他们从此不得不忍受食品供应的缩减，因此对纳粹官员的花天酒地和中饱私囊就批评得愈发严厉了。于是，在战争后半期，政府对腐败问题不再完全无动于衷了，因为他们非常重视“稳住”所谓的后方战线。于是，政府做了很大努力，从社会政治的层面上安抚民众，比如向军人家属支付高额的抚养费，其金额标准是其他任何一个参战国都比不上的，也远远超过了第一次世界大战时期德国的社会基本供应水准。

根据纳粹党人的观点，德国在第一次世界大战中之所以失败，是由于群众的不满情绪、被系统性地散布的失败主义思想和腐败导致后方战线于1918年11月瓦解,给“在战场上所向披靡”的军队背后插了一刀。因此,腐败是“1918年崩溃的一个突出原因”。纳粹党无论如何也要避免历史悲剧的重演。

在这种“11月综合征”的影响下,纳粹政权的很多高级领导人在战争后半期不仅对腐败,对民众的批评也更加认真对待了。希姆莱将腐败称为“令人民义愤填膺的龌龊之事”,一些领导人对腐败比以往更加重视,有时也提出了谨慎的批评。例如,1943年10月,纳粹党全国领袖马克斯·阿曼像以前习以为常的那样,索要集中营囚犯去美化他位于圣奎林的庄园。希姆莱在过去一直是批准将囚犯交给阿曼使用的,此时却“以同志的坦率”告诉埃尔出版社的“报界沙皇”,“这种事情”只会“毫无必要地招致群众的反感”。

1942年3月21日,希特勒发布“关于领导干部的生活方式”的命令,要求他们“做出表率”,“一丝不苟地、理所当然地严格削减开支”。谁若是胆敢抗命不遵,“不管是谁,不管他的地位有多高,一定严惩不贷,绝不姑息”。1942年4月26日,希特勒在帝国议会的一次讲话中指出,必须要将“疏忽失职行为从国家机关无情地驱逐出去,不管是谁,也不管他有多大的权力”。根据党卫军保安处的调查,民众对希特勒的这次讲话十分欢迎,认为它是“反对任何形式的腐败和渎职行为的不留情面的斗争动员”。但另一方面,群众同时还希望能够“撤除一些领导人的职务”,“无情地大力查处更多的腐败案件”。

下文将证明,由于纳粹领导人的官官相护,这种反腐声明根本就是雷声大雨点小。没有一个高级领导人因为腐败而落马。但是政府已经把自己逼到了风口浪尖上,如果不做些什么,就无法向群众交待了。从 1942 年初开始,群众产生了一种期望,要求政府严惩一批贪腐分子,以儆效尤。为了满足群众的要求,政府不得不丢车保帅,采取一些象征性的反腐措施。

“打死苍蝇……”：亚诺夫斯基案

1942年3月和4月，英国皇家空军对吕贝克和罗斯托克进行了集中轰炸，导致首次出现了德国政府在群众压力下惩治腐败的事情。这次轰炸让纳粹政府大为警醒，做出了相应的反应。宣传部长戈培尔在日记中将轰炸的严重后果描述为“惨不忍睹”、“令人胆寒”，并担心这会“打击群众的斗志”。为了遏制此事的恶劣影响，并安抚愤怒的群众，中央和地方政府开仓放粮，慷慨大方地向遭轰炸的灾民发放救济。负责向灾民发放食品和其他物资的是“国家社会主义人民福利行动”在当地的办公室，在石勒苏益格—荷尔施泰因的负责人是威廉·亚诺夫斯基，在梅克伦堡的负责人是威廉·贝尔。

然而，“国家社会主义人民福利行动”的负责官员却利用空袭后的混乱局面，厚颜无耻地贪污了大量原本应当发放给灾民的救灾物资，其中包括香槟酒、烈酒、夹心巧克力、罐头食品、衣服、鞋等。后来的调查表明，有100公斤咖啡和200公斤杏仁夹心糖果进了救灾人员的口袋。衣服和鞋也在“国家社会主义人民福利行动”省部领导人亚诺夫斯基的许可下被大量贪污。在一次前往罗斯托克的"视察"中,亚诺夫斯基、他的兄弟卡尔和"国家社会主义人民福利行动"全国总部领导人恩斯特·武尔夫从"国家社会主义人民福利行动"驻梅克伦堡省部领导人威廉·贝尔那里收到了取自当地救灾物资的利口酒、巧克力、夹心巧克力、饼干和香烟,名义是"旅途物资"。另外,在贝尔的许可下,亚诺夫斯基还从梅克伦堡"带走"了大量香槟酒和烈酒。最后,亚诺夫斯基还命令从救灾物资中扣留了大量食品包裹,赠送给很多亲朋好友和公众人物,包括吕贝克警察局长、党卫军少将瓦尔特·施罗德,吕贝克市长兼国家专员汉斯·勃姆克,行政专区主席瓦尔德玛·弗格博士,"国家社会主义人民福利行动"驻黑森选侯省、弗兰肯、埃森、图林根和施瓦本的负责人,以及在柏林的"国家社会主义人民福利行动"全国主席兼"最高指挥官"埃里希·希尔根菲尔特。获赠礼物的这些人当中没有一个人拒绝接受,或者提出质疑,毕竟这种结党营私的行为在纳粹政权下是家常便饭。

1942年5月和6月,刑事警察汉堡分局对一批纳粹党官员展开了调查,在这些人的家中搜查到了储存的大量食品物资。此时,调查的警官还认为,是少数人"显然地滥用"了"国家社会主义人民福利行动"省部领导人亚诺夫斯基的"好脾气",私吞了点东西。但很快就查明,该省部是从头烂到了尾,很多公众人物都被卷入到这起腐败案中。

纳粹党及"国家社会主义人民福利行动"起初都希望像往常那样,把这事捂住。纳粹党石勒苏益格—荷尔施泰因代理省部书记威廉·西企图让大家相信,接受食品包裹的很多人并非自己享用这些食品,而是将其用来招待"客人"或"房客"。"国家社会主义人民福利行动"最初想把调查掐灭在萌芽中,把此案从刑事警察手中夺走。"国家社会主义人民福利行动"的一名高级审计员以及纳粹党总财务官的一名特使都指出,根据某条法律,"只有国社党总财务官有权处理此类案件"。他们要求刑事警察释放嫌疑犯、停止调查,并交出调查卷宗。根据刑事警察的卷宗记录,"国家社会主义人民福利行动"的这名高级审计员大言不惭地说,"在排除刑事警察参与的情况下,他已经处理过完全不同的案件 (他说的都是涉案金额几百万的大案),此案对他来讲根本就是小菜一碟"。刑事警察对这些厚颜无耻的干预企图置之不理,继续调查,并于 1942 年 6 月将此案移交给位于基尔的石勒苏益格—荷尔施泰因特别法庭的国家检察官。

纳粹党及其组织遮掩腐败行为的做法在过去一直很成功,在"亚诺夫斯基案"中却失败了,这是因为警察和司法部门已经从柏林获得了明确的政治支持。各机关的代表人已经达成一致,要利用此案做个象征性的文章,牺牲掉一个省部干部,反正他也不属于纳粹党的领导层圈子。

这个决定是于 1942 年 6 月 27 日在柏林的一次会议上做出的。参会的除了"国家社会主义人民福利行动最高指挥官"希尔根菲尔特之外,还有帝国保安总局、纳粹党总财务官、纳粹党中央办公室的代表。根据调查,希尔根菲尔特自己在此案中也陷得很深。他起初试图把案子遮掩住,但后来因为急于洗清自己、与罪犯脱离干系,于是装模作样地要求对涉案的"国家社会主义人民福利行动"官员

“严惩不贷”。帝国保安总局的代表,党卫军少校尤斯图斯·拜尔指出,有鉴于当前的国内政治形势,“群众的情绪及元首最近一次讲话都要求对此类案件大力查处”。他的这个态度得到了党卫军全国领袖海因里希·希姆莱的全力支持。在这些压力下,纳粹党总财务官的代表也调转到强硬路线上,主张“对罪犯予以无情的严惩”。

于是,基尔特别法庭于1942年8月28日,根据《民族败类处罚规定》第4条,将“国家社会主义人民福利行动”省部领导人亚诺夫斯基、县级领导人赫尔曼·施特格曼、省总部领导人库尔特·埃克霍夫判处死刑,将另外15名“国家社会主义人民福利行动”官员判处两个月至八年不等的监禁。但这个判决能否真正得到执行还是个问题,因为在幕后又发生了激烈的争论。这再一次表明,司法部门不具有独立性,依赖于政治领导层,并受其利用。

尽管这个判决并没有公之于众,但根据基尔总检察长向帝国司法部的报告,它“在群众所有圈子里都成了激烈争论的话题”。很多老百姓对判决能否得到执行表示怀疑,并猜测,判决“只是纸面上的”,只不过是场“闹剧”而已,所有被判刑的人“至迟到战争结束”就自由了。有传闻说,亚诺夫斯基的妻子每个月能从“国家社会主义人民福利行动”拿到600帝国马克的抚养金,这让群众更加“情绪激动”了。总检察长称,群众中出现了“集体的精神极度不安”,这对党和司法部门的声誉造成了损害。

帝国司法部长狄拉克对群众的不满情绪最终给予了应有的肯定,于是向“元首”建议,对亚诺夫斯基的死刑判决予以确认,至于施特格曼和埃克霍夫的死刑,则减为八年徒刑。1942年11月29日,希特勒同意了狄拉克的建议,并向他的司法部长表示,在斟酌考虑所有情况之后,他现在“希望执行亚诺夫斯基的死刑判决”。于是,亚诺夫斯基于1942年12月15日在汉堡被处决。在此两个月以前,吕贝克市长勃姆克已经开枪自杀。他之前收受了亚诺夫斯基的食品包裹,也卷入了这起丑闻。针对亚诺夫斯基的判决当初没有被公布,现在帝国司法部长在纳粹党总财务官的同意下,举行了记者招待会,宣布了将亚诺夫斯基处决的消息,以便反守为攻,利用这个杀鸡儆猴的范例来安抚愤怒的群众,并平息蔓延的谣言。

除了“国家社会主义人民福利行动”省部领导人亚诺夫斯基之外,在1942年之后,还有其他一些中层官员被处以重刑,以便安抚民众。这些案件几乎全都是所谓的战争经济犯罪,尤其是在未经授权的情况下获取受到经济管制的货物和食品,这些东西都是普通老百姓可望不可即的。例如,纳粹党支部领导人保罗·舍纳于1942年被判处死刑并被处决。舍纳自开战以来就利用自己维尔塞伦消费合作社经理的职权,向科隆—亚琛的党干部们提供大量的管制食品。舍纳的顾客包括一名省部监察官、一名省部领导人、两名县级机关领导人、三名县级机关干部、一名党支部领导人和一名省部审计员。阿尔特纳尔的市长,老党员卡尔·绍特曼扣留了大量受管制的物资,用于自己的酒店生意,东窗事发后于1942年被处决。萨尔茨堡的四名党干部贪污布票,还侵吞了“国家社会主义人民福利行动”的资金,被分别判处十二年至十五年不等的徒刑。

这种严酷的量刑尺度和动用《民族败类处罚规定》来打击腐败的党干部的做法在1942年之后虽然向群众显示了政府“无情打击”

腐败的决心,但绝非真正成功的反腐行动。从下文的内特林和马尔迈斯特的腐败案可以看出,将个别贪官污吏处死的做法只是证明了群众中流传的那句顺口溜:“打死苍蝇,放走老虎。”尽管一些贪腐分子受到严惩,尽管希特勒命令领导干部要生活节俭,纳粹政权在战争的后半期仍然没有办法迫使党的领导人遵纪守法,对同样的犯罪行为仍然像以前那样,使用双重标准。

“……放走老虎”：内特林案和马尔迈斯特案

1942 年 7 月，针对柏林—施蒂格利茨的精美食品批发商奥古斯特·内特林的纪律处罚决定使得一起腐败丑闻暴露于世人眼前，让人了解到，党和国家的领导人过的是怎样的生活。柏林刑事警察介入此案，于 1943 年 1 月将内特林逮捕，并查明，内特林多年来在没有管制食品许可票证的情况下向纳粹国家的很多达官贵人提供了管制食品。他的主要主顾包括四位帝国部长：威廉·弗里克、伯恩哈德·鲁斯特、约阿希姆·冯·里宾特洛甫和理夏德·瓦尔特·达雷，还有帝国劳工领袖康斯坦丁·希尔、海军元帅埃里希·雷德尔、陆军元帅瓦尔特·冯·勃劳希契、威廉·冯·格罗尔曼少将。还有一些人从内特林那里拿的食品“较少”，包括：帝国部长汉斯·海因里希·拉默斯、国务秘书汉斯·普丰特纳、国务秘书弗朗茨·施勒格贝格尔、陆军元帅威廉·凯特尔、汉斯·耶顺内克将军、威廉·黑内尔特将军以及海军上将库尔特·弗里克尔。仅仅向七名主要主顾，内特林就在没有食品配给证的情况下提供了 1 100 公斤野味和家禽、240 磅夹心巧克力、125 磅香肠以及 75 磅茶叶和可可。

在逮捕内特林时,刑事警察查获了他与主顾们的大量通信。帝国劳工领袖在信中感谢他的“周到贴心的照料”,弗里克的妻子则感谢他“圣诞节的美丽的意外惊喜”。这种“外交官配给”是不可能完全遮人耳目的,群众注意到,在内特林的商店门前常有政府和国防军的车辆挤得水泄不通,里面运载着藏在包装袋里的食品。因此,内特林得到了“包装袋奥古斯特”的诨名。人们因此更加真切地感受到,政府大吹大擂的全体同胞一律平等的说法“只是空话而已”。

柏林警察局长将此案报告给宣传部长戈培尔,后者虽然对腐败并不陌生,但还是大为震惊。最后戈培尔亲自向希特勒报告了此事。在日记中,戈培尔写道:“我对此绝不会高兴,腐败如此严重,长此以往必然要危害战争的进程。”希特勒听到宣传部长对此案的揭露,虽然“相当震惊”,却告诫说“不要大惊小怪”,要维护“国家利益”。戈培尔对此显然是颇感失望。中层的纳粹官员由于相对较小的罪行就被判死刑并处决,与此同时,高级领导人却无需担心受到刑事查处。希特勒在1943年4月2日告诉党中央办公室主任,这种诉讼“绝不会发生”。

柏林的精美食品商内特林却倒了大霉。得到帝国司法部长透露的风声的达官贵人们纷纷将非法获取食品的责任全部推给内特林,或者借口说这都是他们的妻子做的,他们自己并不知情,尽管被警方查获的通信表明情况恰恰相反。内特林起初还得到政府领导人的保护,后来却被他们抛弃了。最终他于1943年5月9日在狱中上吊自杀,把自己弄成了丢车保帅的牺牲品。整个案件迅速地不了了之,这对深陷其中的领导人们来说是个方便且妥当的结局。

1942 年,围绕着柏林的高级鞋匠亚历山大・马尔迈斯特,发生了类似的事情。马尔迈斯特自 1930 年以来就经营着一家专营定制军官皮靴的高级商店。他的主顾主要是富裕的地主和实业家,也有党和国家的高级干部。战争爆发后,皮革属于管制物资,马尔迈斯特应当向帝国皮革管制委员会报告自己手中的大量鞋底和鞋面用皮革的情况,但他没有这么做,而是逃避了经济管制。因此他能够偷偷地为手中没有配给证的富裕顾客制作皮靴和皮鞋。

但是在 1942 年 6 月,帝国皮革管制委员会在一次企业审查中识破了马尔迈斯特的花招,发现有很多人在没有配给证的情况下从他那里购买了定制皮鞋,有时是用实物交易的。马尔迈斯特的主顾的名单简直就是第三帝国的名人录,其中赫然有:希特勒、戈林、帝国新闻总长奥托・迪特里希博士、党卫军上将维尔纳・洛伦茨、省部书记恩斯特・威廉・博勒、国务秘书奥托・迈斯纳博士、国务秘书保罗・克尔纳、国务秘书赫伯特・巴克、党卫军上将威廉・比特里希、希特勒的副官党卫军中将尤利乌斯・绍布、希姆莱的副官党卫军准将鲁道夫・冯・阿尔文斯莱本、帝国部长拉默斯的女儿和女婿,以及帝国组织部长莱伊的儿子。

帝国皮革管制委员会火速决定,对上述人士不再进行任何调查,而是将调查局限于那些不属于国家领导人的顾客们。帝国司法部也立即加入了对此案的遮掩。部级领导约埃尔博士作出指示,"对于部级主任以上",地方警察当局不得对其进行讯问。最后几乎所有针对顾客的调查都被叫停,只有马尔迈斯特自己因为战争经济犯罪被判了三年徒刑。特别法庭对马尔迈斯特格外开恩,因为此案没有造成公众影响。在审讯过程中,他的大部分主顾的名字都被隐去,案件卷宗上盖着这样的章:“根据帝国刑法第83条,此案属于国家机密。”

此案再次证明,纳粹政权的领导人享有一种特殊地位,哪怕是腐败的事实已经被证实,也不用害怕受到处罚。1942年之后和之前相比的唯一变化是,高级领导人为了安抚群众日渐高涨的不满情绪,愿意牺牲掉中下层的官员,以便转移群众对自己的过失的注意力。纳粹统治系统的结构对于所有的反腐努力来说都是刀枪不入,因为原本有可能起到调查作用的机关几乎总是自己束住自己的手脚,就像马尔迈斯特案中的帝国皮革管制委员会和帝国司法部那样,它们对遮掩腐败案的做法早已烂熟于心,主动放弃了任何形式的批评检查。

在第三帝国垂死挣扎的剧痛中,纳粹政权的领导层再次掀起了疯狂的反腐活动,成立了新的机关,如“陆军中央法庭”;海因里希·希姆莱在1944年12月发布了一道关于打击内政部门(即传统的职业官僚领域)腐败的荒诞命令;帝国审计总署署长在1945年初大声呼吁要加强反腐。所有这些“措施国家”的上蹿下跳式的活动不仅来得太晚,而且仍然没有触及纳粹政权内所有滋生腐败的体制。1933年以来的事件证明,如果没有权力监管和分权制衡,没有针砭时弊的公众和新闻自由,如果所有的政府机关都不遵守常规的原则,如果没有独立的监管机构,所有的反腐行动都注定要失败。

5

腐败与“民意”

前页图：1945 年 5 月 29 日，一名美军士兵在观察赫尔曼 · 戈林的艺术品收藏。戈林收藏的艺术品包括 1 375 幅画作、250 座雕塑和 168 幅壁毯等，总价值达好几亿帝国马克。

自1933年以来,腐败就一直是群众热衷的谈资。它在政府宣传的官方渠道越是被视为禁忌,在群众中就越是发展成一种私下里的“热门话题”。尽管纳粹党人对这方面的“民意”的尊重很有限,例如只是在战争后半期象征性地查处了一些腐败党员,但监视民情的政府机关却对群众的批评和不满作了细致入微的记录,正如盖世太保和党卫军保安处的形势报告能够详细证明的那样。

“不是干部观察群众,而是群众在观察干部,而且是目光敏锐地观察。”国家警察科隆分局在1935年如此描述群众对腐败这个话题的敏感度。在纳粹统治的最初几年,几乎所有的国家警察分局都记录到了群众“对贪官污吏统治和贪污腐败的怨言”。

正因为此,群众对政府的信任“一落千丈”。纳粹政权对“扫清党的门户”的要求不能置之不理,因为否则就会“严重损害人民和国家的利益”。国家警察哈尔堡—威廉斯堡分局的报告撰写人在1934年4月问道:“冲锋队干部、官员和工人民意代表贪污公款、大肆挥霍金钱,东窗事发后有时还能得到上级的庇护和遮掩,一直到被警察侦破。看到这些,很大一部分群众感到失望透顶,对党的运动非常恼火,这难道还有什么奇怪的吗?”国家警察柏林分局在1935年也作了类似的报告:“到处有人愤怒地说,甚至党的高级领导人也过着极其奢侈放荡的生活,山珍海味地大吃大喝,贪污受贿,还豢养着一大批阿谀奉承的奴才,让人想起战前的年代。”国家警察科隆分局在1935年12月报告称,主要是工人和失业者发出怨言,指责“这种贪官污吏的统治四处肆虐,其恶劣程度不亚于魏玛共和国年代”。

被政府宣传控制的新闻界对这种事情讳莫如深,但这也压制不了群众的怨声载道。恰恰相反,“被驯服的新闻界的沉默”——这是萨克森省长的讽刺说法——对政府来说不但无效,反而有害,而且更助长了谣言的散布。由于遮掩事实和刻意沉默,政府丧失了所有辟谣的机会,导致关于腐败的谣言四处传播,贪腐的金钱数额也被大大夸大。“政府越是不允许群众去一探腐败泥沼的究竟,群众就越是热衷于这个话题,并试图自己去探究,究竟发生了什么事情。”社会民主党流亡理事会关于德国事务的报道在1936年如此描述新闻封堵和造谣传谣之间的关系。

在某些个案中,群众的议论造成的压力太大,纳粹党人不得不在事后做出辩解,并被迫对遮掩真相的做法进行修改。例如,德意志劳工阵线驻弗伦斯堡办公室就不得不公开承认发生了两起贪污案,以便应对口口相传的关于腐败的谣言。1933年,巴伐利亚州农业主管兼国务秘书格奥尔格·卢博让人“赠送”自己一座农庄,导致民愤极大,甚至连已经被政府“一体化”的新闻界也讨论了“卢博案”。卢博后来又犯下了更多罪过，比如他贪污了本应用于援助失业者的粮食企业利润，将其用于私人用途，挥霍一空。于是，政治上再也保不住他了。“为了维持群众的健康和正确的情绪”，上级将卢博撤职，群众对此的反应是“如释重负”。盖世太保也报告称，在贪腐罪行被公开并遭到处罚的少数案件中，群众的反应都是“欢欣和赞许”或“普遍的满意”。

但严重的腐败往往使得愤怒的群众做出令政府极为难堪的事情来。例如，在社会上流传关于贪污腐败的传闻，尤其是关于“国家社会主义人民福利行动”的腐败传闻后，群众的捐款热情就大大缩减了。1935年，国家警察比勒费尔德分局报告称：“发生了多起‘国家社会主义人民福利行动’会员拒绝继续捐款的事情。群众多次表示，将来一芬尼的钱也不会给‘国家社会主义人民福利行动’了；甚至有人多次提出要解散‘国家社会主义人民福利行动’，理由是，这样一来，腐败的源头就被彻底消灭了。”

国家警察哈尔堡—威廉斯堡分局也报告称，腐败“严重挫伤了群众奉献和牺牲的积极性”。1935年在布雷斯劳，市长赫尔穆特·雷比茨基挥霍巨款扩建自己的官邸别墅，群众的回应是“举行大型集会，发表敌对国家的言论”（“猪食槽还是原来那个，只是吃食的猪换了”）。在希尔德斯海姆，森金工厂的德意志劳工阵线企业领导人贪污了公款，全体职工因此不再使用“希特勒万岁！”的问候语，而是改成举起一只手，以“要诚实！”互相问候。在弗兰肯，省部书记施特莱彻要求商界将圣诞节期间营业额的2%至3%上交给政府，引起了零售商们的激烈反应。于是，在1938年1月，流传着一

封《致弗兰肯零售业人士的公开信》,其中详细描绘了省部书记的奢侈生活,最后一段是:

> 如果元首阿道夫·希特勒要求我们这么做的话,我们会心甘情愿地将**全部**(原文为着重体)营业额和最后一个芬尼都捐献出来!但对于一个贪官污吏——甚至最腐败的赤色体制也不会滋生出这样的腐败分子来——对于一个贪图享乐的人,一个四处大吼大叫的游手好闲之徒,我们一分钱也不给。他的别墅、破产的庄园、汽车、"电影明星"和剧院小婊子,他的出国旅游,以及让同伙闭嘴的收买人心的钱,都应当让他自己付账!

这封公开信的语气虽然非常强烈,但对希特勒本人的正面评价却表明,群众对腐败的批评几乎从来不会对整个纳粹统治提出质疑,而是对政权提出有限的批评。"如果元首知道这事就好了!"这样口口相传的话对于群众的基本态度,即在针砭时弊时几乎总是对政府仍然赤胆忠心来说是非常典型的。早在纳粹统治的初期,国家警察机关就在其形势报告中指出,群众不仅对希特勒本人没有任何批评,而且纳粹"金雉鸡"[①]们的丑行越是被揭露出来,元首的形象就越是光辉伟大。"群众看到元首始终是生活朴素、态度谦逊,对他一直高度信任。因此人们以最真挚热诚的方式庆祝元首的生日。"柏林警察局长在1935年5月如此说道。

---

① "金雉鸡"是第三帝国时期老百姓对纳粹党高官和高级将领的一种戏谑的称呼,因为他们的制服非常富丽堂皇。

群众对腐败的其他评论和批评在原则上也都是顺从政府的。例如,人们指责党的干部的行为“不符合团结群众的精神”的时候,绝不是在批评纳粹意识形态本身,而只是批评干部们在实践中没有好好遵从这个意识形态。

前线战士和其他参战者对政府优待“老战士”的做法大发牢骚,认为“他们自己是资格最老的战士,至少应当得到与党的‘老战士’同等的照顾,得到相应的安置”。他们固守着极权国家在社会福利方面的家长式作风,批评的并不是提携党羽这种体制本身,而仅仅是在抱怨为什么自己没受到照顾。因此,尽管腐败对人民与政府的关系造成了损害,但在纳粹独裁统治的初年,群众对腐败的批评并没有达到危及整个统治系统的程度。

在 20 世纪 30 年代后半期,有两个新发展使得这种国内政治问题大大缓和了。首先,与纳粹政府内政外交的辉煌成就相比,腐败在民众心目中根本算不得什么重要问题;贪污腐败和结党营私被认为是一个总的来讲非常成功的政权的阴暗面,受到容忍。另外,群众对腐败行为渐渐习以为常,感觉也变得迟钝了。“人民对一切丑行都冷静超然地予以容忍,着实令人震惊。”社会民主党流亡理事会在 1937 年 11 月报告称,“从这种冷静超然,我们可以看出,道德已经沦丧到了什么程度。很多群众对任人唯亲和贪污腐败已经甘心容忍。”有些上了年纪的人对腐败的愤怒已经不能被较年轻的人所理解。群众听天由命的基本态度在“民不告,官不管”这句话中体现得淋漓尽致。记者雷蒙德·普雷策尔 (化名塞巴斯蒂安·哈夫纳) 在 30 年代末得出结论,人民已经完全领悟了官方对腐败话

题的禁忌:

> 由于纳粹领导人的贪腐数额极大,困惑的德国公众已经不用正常的名字称呼这种行为了。这些强盗是些大土匪,已经摇身一变成了权势炙手可热的大老爷。他们的权力极大,又极其厚颜无耻,人们不是为遭到抢劫而感到愤慨,倒是要庆幸,自己的东西还没有被抢光。

30 年代后半期经济的蓬勃发展是群众的谅解和容忍态度的另一个重要原因。在经济危机的凄惨岁月之后,群众对富丽堂皇的装扮并不感到反感,在某种程度上还认为这是富足生活和新德国的强大国威的恰当体现,对其表示欢迎。否则,我们就无法解释,奢侈成癖、腐化堕落的赫尔曼·戈林为什么毋庸置疑地受到群众爱戴了。他和他的妻子,曾经是演员的埃米·松内曼,满足了老百姓“追星”的需求。

1941 年底 1942 年初,群众对腐败无动于衷地容忍甚至是接受的阶段结束了,让位于一种敏感。德军在莫斯科城下的失败、盟军开始集中轰炸德国城市,以及粮食供应的缩减,使得群众发出了“极其激烈的不满呼声”,同时人们也更加抱怨领导人享用的“外交官配给”。亚诺夫斯基和内特林那样的案件如果是在 30 年代肯定不会引起多少注意,现在却能引起群众的高度关注和一连几周的激烈讨论。

工人以激烈的言辞表达了对“民族共同体”内不同阶层承受战

争苦难的程度不同和享受的生活条件不平等的不满。例如,一名工人对内特林案评论道:“我们希望终有一天能看到,对待那些大佬们也像对待平头百姓一样,否则的话,这个国家就要被冰雹砸得千疮百孔了。”党卫军保安处报告称,“群众对领导阶层的腐败现象越来越关注”。群众对当时的局面概括如下:“打死苍蝇,放走老虎。非常大的老虎不仅不怕被打,还能吃到更多肉。”

对政府来说,保安警察与党卫军保安处长官关于群众对刑事反腐斗争的意见的报告是令人不快的,报告的标题就很能说明问题:《诉讼中的双重标准》、《在决定是否逮捕时的双重标准》、《刑事诉讼中的双重标准》、《判决执行中的双重标准》、《判决结果公布时的双重标准》、《后续处理中的双重标准》。

正如前一章详细讲到的,政府领导层对群众的怨言的应对方法就是,通过象征性地、展示性地查处若干官员来安抚群众。早在纳粹统治的早期,政府就一直是这么做的,治标不治本,目标仅仅是安抚一下群众,而不会造成什么体制性的影响,因为那样的影响有可能会危及整个统治系统。但出现了一个新现象:在纳粹党内部,也有人表示出对腐败的不满了。尤其是在斯大林格勒的惨败之后,很多党员不再对贪污腐败和骄奢淫逸的行为无动于衷了。

例如,党卫军人事总局局长,党卫军中将马克西米利安·冯·赫夫按照很多党卫军高级军官的习惯做法,驱使刑事罪犯和集中营囚犯去美化自己的私人宅邸,就遭到了党内同志的斥责。柏林—齐伦多夫的毛奇党支部的妇女工作领导人向党卫军保安总局检举了冯·赫夫,于是这位党卫军将军不得不向主管的党支部领导人写了好多页的报告,来为自己辩解。另外,纳粹党齐伦多夫县级机关领导人也插手此事,转达了群众的很多怨言,向冯·赫夫呈送了驻柏林的党卫军干部的“罪行录”,认为这是“要中饱私囊,不要社会主义”的“极佳体现”。这位县级机关领导人以灰心失望的理想主义者的口气补充道:

> 我必须承认,很少有政府、国防军和经济界的领导人让我,以及我属下的干部感到愤慨和失望。让我们感到痛苦的大多是党的领导人。我满怀着悲痛,将现在的情况与斗争年代作了比较。在那决定命运的岁月里,我们还是默默无闻的冲锋队员,当时我们在讨论中向马克思主义者和受蒙蔽的德国工人作了批评,向他们指出,他们的领导人还在野的时候可能还曾经是革命者,但在掌权之后的短短十年内就完全丧失了政治上的敏感。作为理想主义者,我坚信,我们国家社会主义者一定能克服这种时代的局限。

一方面,这位县级机关领导人仔细地注意到了群众的呼声,不仅对腐败问题认真对待,而且非常不寻常地公开使用“腐败”这样的字眼。另一方面,他对腐败的体制性原因的认识又完全是盲目的,称其为“时代的局限”,认为通过理想主义的基本态度就能克服这种局限。

这种对现实的局限理解和对体制缺陷的盲目对于纳粹党内批评腐败的人士来说,是非常典型的,这在党中央办公室的一位部门主任海因里希·海姆于1944年4月撰写的一份文件中也表现得很清楚。在这份文件中,海姆不仅把握住了人民群众对“老战士”受到的庇护的愤慨,自己也用激烈的言辞表达了这种义愤填膺的态度:“这些人中的绝大多数都有一个共同点,那就是他们一事无成;很多人是人生失意受挫之徒。”对“老战士”的系统性庇护和新闻界的噤声对于纳粹党在群众中的威望是一个“灾难”:

“我们从这样一个虚无的神话出发,即:谁要是老早就参加了党的运动,他就是大家的楷模。结果就是:对于形形色色、数量极大的远远算不得楷模的恶棍流氓,我们**不得不**(原文为着重体)克制自己,不敢去动他们一根毫毛。群众对这些‘镀金’的家伙公开地表示反感,这种事情在我党掌权后最初几年就已经屡见不鲜,因为这些恶徒没有丝毫的顾忌,厚颜无耻地要求党庇护他们。他们玷污了党的英明,嘴边还总是挂着党的事业。那时群众还不像后来那样灰心绝望。”因此,纳粹党“欠德意志人民一个债,有义务将他们从这个噩梦中解救出来,他们已经被这个噩梦折磨了十年之久”。

海姆非常坦率和直接地严厉批评了他所谓的“党的肿瘤”,他的坦诚是非常少见的。但他的批评仍然是肤浅的,因为他将腐败的“党棍”与“元首的光辉形象”作对照。但恰恰是被他称颂的元首系统性地促进腐败现象的滋长,并利用腐败来达到自己个人的统治目的。另外,海姆文件的副标题《战争结束后退休的党干部的范围》说明,他认为只有到万众期待的“最终胜利”之后,腐败的问题才能解决;他写这份文件,首先是为了发泄自己内心的不满。

不管怎么说,海姆的文件以及上文所说的那位县级机关领导人的报告都是值得注意的,因为它们非常清楚地表明,纳粹党内人士不仅了解到了群众的批评,还在一定程度上对其表示认同,至少在党内也发出了这样的批评。

德国的抵抗运动也试图利用民意,把它当作一个理由,为刺杀希特勒辩护。

“阴谋集团利用了在群众中广为流传的观点,其攻击国家社会主义的煽动以反腐斗争为中心。”保安警察与党卫军保安处长官恩斯特·卡尔滕布伦纳在《关于敌对国家社会主义与国社党的阴谋集团的观点的特别报告》中如此写道。对于 1944 年 7 月 20 日政变的一些参与者来说,腐败的严重程度就是他们加入抵抗运动的一个重要动机。例如,弗里茨—迪特罗夫·冯·德·舒伦堡原先是个坚定的纳粹分子,但在看清东普鲁士省部书记埃里希·科赫的腐化的统治手段之后,就与纳粹政权越来越疏远了。

卡尔·格德勒也是由于看到了纳粹统治者的腐败,才与其划清界限的。他在拟定的新政府声明中写道:“纳粹政权的高级领导人和最高统治者在我们原先纯洁无瑕的人民中将腐败传播到了前所未有的程度。纳粹政权骇人听闻地背叛了德意志人民及其灵魂,彻底地践踏和歪曲法律,无耻地腐化堕落,这些罪行的证据都将大白于天下。”在一份计划好的声明中还有这样的段落:

> 全国人民多年来一直在窃窃私语:“看看那个省部书记,看看那个县级干部,看他是怎么捞钱的。”在战争期间,高级官员和最高领导人在德国和占领区以最厚颜无耻的方式疯狂敛财,

过着花天酒地的奢侈生活，而千百万德国家庭却陷入困境，是可忍孰不可忍！

德国抵抗运动企图通过批评腐败来赢得民心，为自己争取广泛的合法性基础，这种做法能否奏效，是个很大的问题。无论如何，格德勒将腐败官员与受苦受难的“民族同胞”对照的说法并不完全符合事实，因为，正是他努力争取的“民族同胞”被纳粹党人推到了种族等级制金字塔的最顶端，通过剥削被占领的国家，维持着很高的物质生活水平。对犹太人财产“雅利安化”的得益者也绝非仅仅是一小撮纳粹干部，更不用说那些直接参加剥削占领区的军人、行政官员、企业家和迁徙到东欧的德侨了。

纳粹的“民族共同体”在战争岁月中至少是在一定程度上有了“强盗共同体”的特征。这表现在群众的思想认识和道德觉悟上，比如就有人恬不知耻地要求政府用犹太人财产来补偿遭到轰炸的家庭。尽管广大群众都严厉批评“贪官污吏统治”和腐败现象，但或许人民群众的思想已经被纳粹的强盗心态感染了。例如，一名德国士兵于 1944 年在诺曼底被俘后如此解释帝国元帅戈林为什么广受爱戴：“戈林是我们中的一员。他喜欢吃喝，喜欢女人，喜欢欺诈舞弊，尤其是喜欢欺诈舞弊。”

结 束 语

纳粹统治下的政治腐败不仅范围极广,而且是纳粹统治系统的一个重要标志。提携党羽、任人唯亲、裙带关系和制度化的官官相护成了纳粹运动的“政治经济”的基础,在政治地位和影响的基础上交换物质利益。政治腐败的根源一方面在于很多纳粹活跃分子在“斗争年代”所抱的期望:他们寄希望于,在期待已久的“夺权”成功之后,自己能够得到个人利益;另一方面在于“元首政党”的小圈子和门客体制,由于缺乏党内民主和表达利益要求的机会,这种体制早在1933年之前就已成形。

在各式各样的统治和政府体制中都存在政治上的恩主一门客结构,议会民主制下也有这种私人的“小集体”。但是,从魏玛共和国的腐败丑闻可以看出,在民主制之下,由于民主的权力监管和分权制衡的存在,结党营私行为不仅受到主管机关的控制,还受到公众舆论的批评监督。20世纪20年代的公众就对民主各党派的很多腐败行为做了严厉谴责和批评。而随着对公共生活的“一体化”,纳粹党人在1933年之后封锁掉了公众舆论的监督,阉割了监管机构的权力,或者干脆将其彻底撤销。于是,他们取消了所有的控制和调节工具,使得调整国家前进方向的可能性大大减少,因此他们不得不接受这样的事实:在纳粹独裁统治的灌木丛中,腐败这株毒草将会不受阻挠地疯长。所以,第三帝国的腐败不仅是纳粹运动的一个结构性特征,同时也是独裁统治的典型结果。

纳粹的意识形态也推动了腐败在其统治下的蔓延。种族主义与绝对权力的混合促进了一种敛财导向的“主宰种族”态度的形成。这种态度在纳粹集中营系统、占领区 (尤其是在东欧) 和所有那些直接参与迫害犹太人的机构中显得特别突出。有些历史学家、政治学家和社会学家强调了参与迫害犹太人的机构的官僚特征,借此突出这样的事实:纳粹党人在系统性地迫害和灭绝对手时,利用了一个现代国家的、基于分工的官僚机器,上演了一出“行政的大屠杀”(汉娜·阿伦特语)。

如果我们或明或暗地假设,这个“官僚机器”的成员是在经典的官僚体制的框架下活动的——不带个人的喜怒哀乐、遵守严格的规章制度、分工合作、在官僚的等级制中各自只有有限的权力——就大错特错了。

近期关于迫害犹太人的纳粹机构的研究突出地表明,纳粹统治下的很多“官僚系统”的特点是,将世界观的信仰与不受任何限制的行为方式结合了起来。权力监管的缺失使得纳粹党人得以不受阻挠地谋取私利、掠夺受害者的物质财富。尤其是腐败现象让我们感到,将迫害犹太人的机构描述为经典的“官僚机器”的做法,是值得商榷的,这种描述与其说是澄清了这些机构的特征,倒不如说是让它愈发难解了。

纳粹统治和社会的各领域受到腐败侵蚀的程度是不同的。腐败最严重的是纳粹体制的那些受到纳粹运动特别影响的统治支柱，尤其是纳粹党内、党的附属组织机构，以及那些被纳粹党人充斥的国家机关；而传统的职业官僚系统、经济界和军队，虽然不是净土，但腐败现象明显要少许多。

第三帝国的反腐斗争的最大特点是专横霸道和随意任性。很多“达官贵人”由于自己的地位和政治靠山的保护，可以为所欲为，而下级官员在逾矩时却要面对极其严厉的处罚。于是，就出现了遭到打击的腐败、受到容忍的腐败和体制化的腐败三者并存的怪现状，而且这三者之间的界线也是有流动性的。对于某个腐败案件是否要进行查处，首先取决于这么做在政治上是否有利。普通法庭和党内法庭都是“元首国家”的没有独立性的机关，无法实施有效的司法诉讼。但在第三帝国，统治集团内部的臭名昭著的派系斗争却能带来一定程度的腐败监管，因为这种斗争常常是由于各派系互相指责对方腐败而展开的。

在第三帝国体制化的腐败的顶端，是希特勒本人。他通过赠礼、优待和资助的体制，来额外地巩固自己魅力十足的地位，他的玩世不恭的统治手段以身边人的道德败坏为基础。他努力通过物质手段，将其他领导人拴牢，但这并不能证明纳粹统治系统所谓的独裁特征。“希特勒体制”并非凌驾于数量众多的恩主—门客结构之上，而是与其在同一个层面上共存，这些结构在纳粹体制中是横向发展的。在这方面最突出的是各省的“诸侯”们，他们一般都控制着完善的小金库和基金会的系统，这些系统既不受纳粹党总财务官的监管，也不受国家中央权力的控制。虽然希特勒的权力足够强大，地位足够巩固，能够约束住腐败的封疆大吏们，但是元首在面对腐败问题时却非常冷漠（这很能说明问题），即便罪恶滔天的封臣也能保住自己的位子。

在纳粹统治集团的上层，腐败不仅仅是狭义的物质财富来源。很多纳粹高级领导人拥有庄园和猎区，还收藏艺术品，他们这是在模仿贵族的生活方式。在获取这些表明身份地位的身外之物的过程中，他们往往杀人越货、胡作非为。他们的骄奢淫逸的生活方式——赫尔曼·戈林是其极端形式的代表——在外观上标示了1933年后精英集团的变化，强调了纳粹党人对社会的领导权，并昭然地突出各自在第三帝国统治集团内的地位。

如果我们从文化史的视角分析这个事实，比如按照法国社会学家皮埃尔·布尔迪厄为研究权力而发展出的范畴来看这个问题，那么我们就可以如此阐述物质财富在纳粹统治阶层眼中的非物质意义：通过腐败的手段和方式，纳粹党领导人不仅获取了经济资本（地产、房屋和庄园），还获得了文化资本（艺术收藏品）。文化资本通过转换为社会资本和象征资本（忠诚、威望、地位），实现其价值，因为很多纳粹党人没有任何鉴赏这些文化资本的能力。他们把"好看"的画挂在墙上，或者去看瓦格纳歌剧，不是为了欣赏艺术，奢华的私人图书馆也不是为了获取知识，而是一种附庸风雅的表面文章，为的是给主人长脸，彰显他的权力地位。

如果我们从纳粹体制的效率和工作能力的角度来审视第三帝国的腐败造成的影响，得出的结论是矛盾的。一方面，不计其数的实例可以证明,腐败严重阻碍了政府机能的发挥,在有些方面简直是往第三帝国这台机器的传动装置里撒了沙子,使它无法正常运转。例如,体制上对“老战士”的庇护和照顾使得很多不称职的“金雉鸡”混到了领导岗位上去。他们耀武扬威,却没有真才实干。他们代表的不仅是纳粹政权平庸无能的一面,还是政府专业化程度的降低和执政水平的下降。在对犹太企业“雅利安化”的过程中也出现了类似的趋势。很多由于政治原因被抬上领导岗位的人在经济方面完全是外行,新收购来的企业在他们的瞎搞之下很快就倒闭了。

由于腐败,国家财政受到了极大的损失。一方面是极高的开支,比如为了彰显国威和领导人威望而制造的排场等,另一方面却是较低的收入,因为纳粹的占领和灭绝政策带来的收益没有被收入帝国国库,而是通过特别基金、小金库和基金会等黑色渠道流失,被私下里分配、挥霍、掠夺和“疯狂”地消费掉了。

另外,腐败严重地降低了党卫军经济体系的效率。该体系的基础是对集中营囚犯的剥削,这不仅是践踏人性和罪大恶极的,而且在经济上也是效率低下的,因为党卫军不愿意,也没有能力为奴隶劳工提供足够的给养和粮食。除了意识形态原因外,集中营内的腐败也起到了重要作用,尤其是集中营看守系统性地侵吞本应分配给犯人的食品。

纳粹体制的管理不善和效率低下的例子不胜枚举,因此说纳粹政权进行了有意识的“现代化”的说法是站不住脚的。

但另一方面,我们面对着这样的问题:我们真的可以用传统的效率标准来评价纳粹政权吗？这种标准对于纳粹政权会不会完全无效呢？在纳粹统治下，货币本来就没有什么作用，政权靠借贷生存，借以开拓资源的则是最原始的手段——掠夺。纳粹政权劫掠和收集大量资产并将其投入灭绝机器的"工作效率"是极高的，也取得了骇人听闻的"成果"。在这样的体制中，腐败造成的高成本和收入亏空不是那么引人注目。在纳粹党人看来，腐败有时降低了效率、破坏了政府机能，但有时却是政治上的朋党体制的"润滑剂"，因此起到了推动政府运转和稳定全局的作用。另外，腐败鼓动更多人加入到"雅利安化"、大屠杀和剥削占领区的活动中。虽然德国群众对腐败进行了大规模的口诛笔伐，但德国社会的确是通过腐败获得了很多好处。

如果我们不把纳粹统治视为自上而下的独裁政权，而把它看作德国社会以各种方式广泛参与的社会行为，那么我们就会看到，腐败将纳粹统治和德国社会紧密交织起来，很多"普通的德国人"也通过中饱私囊参与到了纳粹的压迫和灭绝政策中来。

致　　谢

我要感谢前文列出的各个档案馆的工作人员，以及很多给予我宝贵意见的人士，包括：托马斯·耶尔施、贝亚特·迈尔、阿尔敏·诺尔岑、卡琳·奥尔特、迪特尔·波尔、帕特里克·瓦格纳和米夏埃尔·维尔特。阿诺尔德·希沃特克、贝亚特·迈尔和阿德尔海德·冯·萨尔登审阅了初稿，并提出了宝贵意见。我要对他们的鼓励和修改意见给予特别的感谢。

附　　录

第三帝国的总年薪水平
以工人、职员、官员和帝国部长为例

德意志帝国的平均年收入	1 856帝国马克（1937年）
矿工，莱茵—鲁尔区	2 155帝国马克（1937年）
褐煤矿工，威斯特尔比恩	1 899帝国马克（1937年）
细木匠，技术工人	2 001帝国马克（1937年）
服装行业，熟练女工	1 141帝国马克（1937年）
农业工人，已婚，巴登	1 080帝国马克（1937年）
销售人员，零售业，布雷斯劳，税后工资	1 812帝国马克（1938年）
机关办公室主任，已婚，税后工资，B级消费水平地区	3 402帝国马克（1938年）
高级教师，未婚，起薪，B级消费水平地区	4 404帝国马克（1938年）
帝国部长阿尔弗雷德·罗森堡	243 563帝国马克（1943年）
帝国部长阿尔伯特·施佩尔	211 933帝国马克（1943年）
帝国部长约瑟夫·戈培尔	424 317帝国马克（1943年）

资料来源：Statistisches Jahrbuch für das Deutsche Reich, 57 (1938), S. 337f, 350, 352, 354f.; Sozialgesetzbuch. Sechstes Buch, Anlage 1; BA Koblenz, Kleine Erwerbungen, 544, Bl.5, 9, 12.

资料来源

1. 联邦档案馆 (柏林)
NS 1 : 纳粹党总财务官档案
NS 6 : 纳粹党办公厅档案
NS7 : 党卫军与警察司法部门档案
NS 10 : 元首及帝国总理私人助理档案
NS 18 : 纳粹党宣传部长档案
NS 30 : 国家级领袖罗森堡行动指挥部档案

存放于柏林档案中心:
R2 : 帝国财政部档案
R5 : 帝国交通部档案
R22 : 帝国司法部档案
R43 II : 帝国总理府档案
R49 : "德意志民族性强化" 帝国委员会档案
R58 : 帝国保安总局档案
R87 : "敌人财产处置" 帝国委员会档案
R148 : 帝国纪律惩戒法庭档案
R1501 : 帝国内政部档案
R2301 : 德意志帝国审计总署档案

2. 联邦档案馆 (达尔维茨—霍普加藤)
R92 : 里加专员档案

3. 联邦军事档案馆 (弗赖堡)
RW19 :武装力量最高统帅部 / 国防经济与军备局档案
RW35 :驻法德军总司令部档案
RW36 :驻比利时与法国北部德军总司令部档案

4. 联邦档案馆 (科布伦茨)
Z42 :英国占领区法庭
小规模收购业务档案,第 544 号

5. 国家秘密档案馆 (柏林—达勒姆)
Rep. 90P: 盖世太保档案

6. 柏林州档案馆
Rep. 358-02, 第 84623 号

7. 国家档案馆 (汉堡)
121-3II :公民权 II
131—134 :州政府
131—136 :办公厅
131—138 :州政府高级行政服务委员会
131—139II :州政府公务员事务委员会
131—141 :州政府办公厅,人事处 I
131—151 :州政府人事档案
311—321IV :财务处 IV
314—315 :财务总管
351—401 :社会工作当局 I
614—2/5 :纳粹党
614—2/13 : 1937 年汉堡基金会
622—1 :林德曼家族
州法庭与县法院的刑事案件档案,1933—1945

8. 巴伐利亚国家档案馆 (慕尼黑)
巴伐利亚总督档案

9. 勃兰登堡州档案馆 (波茨坦)
Pr. Br. Rep. 12B : 法兰克福 (奥德河畔) 地方法院的检察机关

10. 萨尔茨堡州档案馆 (萨尔茨堡)
萨尔茨堡总督档案

11. 石勒苏益格—霍尔施泰因州档案馆 (霍尔施泰因)
Abt. 358 : 石勒苏益格—霍尔施泰因州特别法庭

12. 当代史研究所档案馆 (慕尼黑)
ED-89, F-92, Fa 183/1

13. 当代史研究所档案馆 (汉堡)
912, Bd II

14. 德国犹太人历史研究所 (汉堡)
14.001.1 与 2,马克斯·普拉特回忆录

15. 新犹太会堂档案馆,犹太研究中心 (柏林)
路德维希·迈尔回忆录

参考文献

Ackerl, Isabella: Nationalsozialistische »Wiedergutmachung«, in: Anschluß 1938. Protokoll des Symposiums in Wien am 14. und 15. März 1978, München 1981, S. 206–219.

Adler, Hans-Günter: Der verwaltete Mensch. Studien zur Deportation der Juden aus Deutschland, Tübingen 1974.

Akten der Partei-Kanzlei der NSDAP. Rekonstruktion eines verlorengegangenen Bestandes, hrsg. vom Institut für Zeitgeschichte, Teil Iund II, München 1983 und 1992.

Angermair, Elisaheth/Haerendel, Ulrike: Inszenierter Alltag. »Volksgemeinschaft« im nationalsozialistischen Miinchen 1933–1945, München 1993.

Angermund, Ralph: Korruption im Nationalsozialismus. Eine Skizze, in: Christian Jansen u. a. (Hrsg.), Von der Aufgabe der Freiheit. Politische Verantwortung und bürgerliche Gesellschaft im 19. und 20. Jahrhundert. Festschrift für Hans Mommsen, Berlin 1995, S. 371–383.

Arendt, Hannah: Eichmann in Jerusalem. Ein Bericht von der Banalität des Bösen, München 1964. Aus Görings Schreibtisch. Ein Dokumentenfund, bearb, von T. R. Emessen, Berlin 1947.

Bajohr, Frank: »Arisierung« in Hamburg. Die Verdrängung der jüdischen Unternehmer 1933–1945 (Hamburger Beiträge zur Sozial- und Zeitgeschichte, Bd. 35), Hamburg 1997, 2. Aufl. 1998.

ders.: Gauleiter in Hamburg. Zur Person und Tätigkeit Karl Kauf-manns, VfZ 43 (1995), S. 267–295.

ders.: Nationalsozialismus und Korruption, in: Mitteiweg 36, Heß l/1998, S. 57–77.

ders.: »... protzten plötzlich mit einer neuen Wohnungseinrichtung.« Schleswig-Holsteiner als materielle Nutznießer der Shoah, in: Paul, Gerhard/Gillis Carlebach, Miriam: Menora und Hakenkreuz. Zur Geschichte der Juden in und aus Schleswig-Holstein, Lübeck und Altona, Neumünster 1998, S. 565–571.

ders.: The Beneficiaries of »Aryanization«. Hamburg as a Case Study, in: Yad Vashem

Studies, Bd. XXVI, Jerusalem 1998, S.173–201.

Banken, Rail: Der Edelmetallsektor und die Verwertung konfiszierten jüdischen Vermögens im »Dritten Reich«. Ein Werkstattbericht über das Untersuchungsprojekt »Degussa AG« aus dem Forschungsinsti-tut für Sozial- und Wirtschaftsgeschichte an der Universität zu Köln, in: Jahrbuch für Wirtschaftsgeschichte, 1 (1999), S. 135–161.

Bartov, Omer: Hiders Wehrmacht. Soldaten, Fanatismus und die Brutalisierung des Krieges, Reinbek 1999.

Bauman, Zygmunt: Dialektik der Ordnung. Die Moderne und der Holocaust, Hamburg 1992.

Becket, Franziska: Gewalt und Gedächmis. Erinnerungen an die nationalsozialistische Verfolgung einer Jüdischen Landgemeinde, Göttingen 1994.

Berghoff, Hartmut/Ranh-Kühne, Cornelia: Fritz K. Ein deutsches Leben im zwanzigsten Jahrhundert, Stuttgart, München 2000.

Bergmann, Werner/Erb, Rainer: Antisemitismus in der Bundesrepublik Deutschland. Ergebnisse der empirischen Forschung 1946–1989, Opladen 1991.

Boberach, Heinz (Hrsg.): Meldungen aus dem Reich. Die geheimen Lageberichte der SS, Herrsching 1984.

Bopf, Britta: Zur »Arisierung« und den Versuchen der »Wiedergutmachung« in Köln, in: Matzerath, Horst/Buhlan, Harald/Becker-Jakli, Barbara: Versteckte Vergangenheit. Über den Umgang mit der NS-Zeit in Köln, Köln 1994, S. 163–194.

Bourdieu, Pierre: Die verborgenen Mechanismen der Macht. Schriften zu Politik und Kultur 1, Hamburg 1997.

Broszat, Martin: Der Staat Hitlers, München 1969.

ders.: Nationalsozialistische Konzentrationslager 1933–1943 (Ana-tomie des SS-Staates, Bd. 2), Freiburg im Breisgau 1965, S. 9–160.

ders.: Soziale Motivation und Führer-Bindung des Nationalsozialismus, VfZ 18 (1970), S. 392–409.

Buchheim, Hans: Die SS-Das Herrschaftsinstrument (Anatomic des SS-Staates, Bd. 1), Freiburg im Breisgau 1965, S. 13–253.

Chaussy, Ulrich/püschner, Christoph: Nachbar Hitler. Führerkult und Heimatzerstörung am Obersalzberg, Berlin 1997.

Chiari, Bernhard: Alltag hinter der Front. Besatzung, Kollaboration und Widerstand in Weißrußland 1941–1944, Düsseldorf 1998.

Dean, Martin: Die Enteignung »jüdischen Eigentums« im Reichskommissariat Ostland 1941–1944, in: »Arisierung« im Nationalsozialis-mus. Volksgemeinschaft, Raub und Gedächmis, hrsg. von Irmtrud Wojak und Peter Hayes, Frankfurt/New York 2000, S. 201–218.

Deutschland-Berichte der Sozialdemokratischen Partei Deutschlands (SOPADE) 1934–1940, Nachdruck, Salzhausen 1980.

Dreßen, Wolfgang: Betrifft: »Aktion 3«. Deutsche verwerten jüdische Nachbarn, Berlin 1998.

Eichwede, Wolfgang/Hartung, Ulrike (Hrsg.): »Betr. Sicherstellung«. NS-Kunstraub in der Sowjetunion, Bremen 1998.

Eschenburg, Theodor: Staat und Gesellschaft in Deutschland, Stuttgart 1956.

Fabian, Hans-Erich: Der Berliner Scherbenfonds, in: Der Weg. Zeitschrift für Fragen des Judentums, 1. Jg., Nr 37 (8.11. 1946).

Felfe, Heinz: Der Mord an Vera »Sara« Korn. Dargestellt anhand der Akten der Berliner Mordkommission, in: Kriminalistik, Heß 3/1992, S. 153–173.

Feliciano, Hector: Das verlorene Museum. Vom Kunstraub der Nazis, Berlin 1998.

Fest, Joachim: Speer. Eine Biographie, Berlin 1999.

Fiadhammer, Christa/Wildt, Michael (Hrsg.): Max Brauer im Exil. Briefe und Reden aus den Jahren 1933–1946, Hamburg 1994.

Frese, Matthias: Betriebspolitik im »Dritten Reich«. Deutsche Arbeitsfront, Unternehmer und Staatsbürokratie in der westdeutschen Großindustrie, Paderborn 1991.

Friedliinder, Saul: Das Dritte Reich and die Juden, Bd. 1, Die Jahre der Verfolgung 1933–1939, München 1998.

Friedrich, Carl J.: Pathologie der Politik. Die Funktion der Mißstände: Gewalt, Verrat, Korruption, Geheimhaltung, Propaganda, Frankfurt am Main 1973.

Geiger, Theodor: Die soziale Schichtung des Deutschen Volkes. Soziographischer Versuch auf statistischer Grundlage, Stuttgart 1932.

Genschel, Helmut: Die Verdrängung der Juden aus der Wirtschaft im Dritten Reich, Göttingen 1966.

Georg, Enno: Die wirtschaftlichen Unternehmungen der SS, Stuttgart 1963.

Gerlach, Christian: Kalkulierte Morde. Die deutsche Wirtschafts- und Vernichtungspolitik in Weißrußland 1941 bis 1944, Hamburg 1999.

Gilles, Franz-Otto: Hauptsache sparsam und ordnungsgemäß. Finanz- und Verwaltungskontrolle in den während des Zweiten Weltkrieges von Deutschland besetzten Gebieten, Opladen 1994.

Goebbels, Joseph: Vom Kaiserhof zur Reichskanzlei. Eine historische Darstellung in Tagebuchblättern, München 1934.

Die Tagebücher von Joseph Goebbels, hrsg. von Elke Fröhlich, Teil I, Band 9, München u.a. 1998; Teil II, Band 3, München u.a. 1994, Band 4, München u.a. 1998, Band 7, München u.a. 1993.

Görgen, Hans-Peter: Düsseldorf und der Nationalsozialismus, Düsseldoff 1969.

Gross, Jan T.: Polish Society under German Occupation. The Generalgouvernement 1939–1944, Princeton, New Jersey 1979.

Gruchmann, Lothar: Korruption im Dritten Reich. Zur »Lebensmittelversorgung« der NS-Führerschaft, VfZ 42 (1994), S. 571–593.

Grünfeld, Fritz Vincenz: Das Leinenhaus Grünfeld. Erinnerungen und Dokumente, hrsg. von Stefi Jersch-Wenzel, Berlin 1967.

Grunberger, Richard: A Social History of the Third Reich, London 1971.

Haase, Günther: Kunstraub und Kunstschutz. Eine Dokumentation, Hamburg 1991.

Haffner, Sebastian: Germany: Jekyll & Hyde, Berlin 1996, Nachdr. Der 1940 bei Secker and Warburg, London, erschienenen englischen Ausgabe.

Hammerschmidt, Peter: Die Wohlfahrtsverbände im NS-Staat. Die NSV und die konfessionellen Verbände Caritas and Innere Mission im Gefüge der Wohlfahrtspflege des Nationalsozialismus, Opladen 1999.

Harrison, Ted: »Alter Kämpfer« im Widerstand. Graf Helldorff, die NS-Bewegung und die Opposition gegen Hitler, VfZ 45 (1997), S. 385–422.

Hartung, Ulrike: Raubzüge in der Sowjetunion. Das Sonderkommando Künsberg 1941–1943, Bremen 1997.

Heidenheimer, Arnold J./Johnston, Michael/LeVine, Victor T. (Hrsg.): Political Corruption. A Handbook, 3. Aufl., New Brunswick 1993.

Heinsohn, Kirsten/Vogel, Barbara/Weckel, Ulrike (Hrsg.): Zwischen Karriere und Verfolgung. Handluffgsräume von Frauen im national-sozialistischen Deutschland, Frankfurt, New York 1997.

Henke, Klaus-Dietmar: Die amerikanische Besetzung Deutschlands, München 1995.

Herbert, Ulrich: Best. Biographische Studien über Radikalismus, Welt-anschauung und Vernunft 1903–1989, Bonn 1996.

ders.: Fremdarbeiter. Politik und Praxis des »Ausländer-Einsatzes« in der Kriegswirtschaft des Dritten Reiches, Berlin, Bonn 1985.

ders. (Hrsg.): Nationalsozialistische Vernichtungspolitik 1939–1945. Neuere Forschungen und Kontroversen, Frankfurt am Main 1998.

ders./Orth, Karin/Dieckmann, Christoph (Hrsg.): Die nationalsozialistischen Konzentrationslager, Entwicklung und Struktur, 2 Bde., Göttingen 1998.

Heß, Rudolf: Reden, München 1938.

Heusler, Andreas/Weger, Tobias: »Kristallnacht«. Gewalt gegen die Münchner Juden im November 1938, München 1998.

Hilberg, Rauh Die Vernichtung der europäischen Juden, 3 Bde., Frankfurt am Main 1990

Hillmann, Karl-Heinz: Wörterbuch der Soziologie, 4. überarb. Auflage, Stuttgart 1994.

Hitler, Adolf: Monologe im Führerhauptquartier 1941–1944. Die Auf-zeichnungen Heinrich Heims, hrsg. von Werner Jochmann, Ham-burg 1980.

Hüttenberger, Peter: Die Gauleiter. Studie zum Wandel des Machtgefüges in der NSDAP, Düsseldorf 1969.

ders: Düsseldorf. Geschichte von den Anfängen bis ins 20. Jahrhundert, Bd. 3: Die Industrie- und Verwaltungsstadt, Düsseldorf 1989.

Huntington, Samuel P: Modernization and Corruption, in: Heidenheimer, Arnold J./

Johnston, Michael/LeVine, Victor T. (Hrsg.): Political Corruption. A Handbook, 3. Aufl., New Brunswick 1993, S. 377–388.

Ibach, Karl: Kemna. Wuppertaler Konzentrationslager 1933–1934, 2. Aufl., Wuppertal 1981.

Jagschitz, Gerhard: Von der »Bewegung« zum Apparat. Zur Phänomenologie der NSDAP 1938 bis 1945, in: Talos, Emmerich/Hanisch, Ernst/Neugebauer, Woifgang (Hrsg.): NS-Herrschaft in Österreich 1938–1945, Wien 1988, S. 487–516.

Jamin, Mathilde: Zwischen den Klassen. Zur Sozialstruktur der SA-Führerschaft, Wuppertal 1984.

Justizbehörde Hamburg (Hrsg.): »Von Gewohnheitsverbrechern, Voiksschädlingen und Asozialen ...« Hamburger Justizurteile im Nationalsozialismus, Hamburg 1995.

Kasten, Bernd: Konflikte zwischen dem Gauleiter Friedrich Hildebrandt und dem Staatsministerium in Mecklenburg 1933–1939, Mecklen-burgische Jahrbücher, 112 (1997), S. 157–175.

Kempner, Robert W.: Ankläger einer Epoche. Lebenserinnerungen, Frankfurt am Main, Berlin, Wien 1983.

Kiehne, Kriminalrat: Erfahrungen aus der Tätigkeit zentraler Dienststellen zur Bekämpfung von Korruption, in: Bundeskriminalamt Wiesbaden (Hrsg.), Wirtschaftsdelikte, einschlieglich der Korruption. Arbeitstagung im Bundeskriminalamt Wiesbaden vom 8. April bis 13. April 1957, Wiesbaden 1957, S. 181–185.

Kißener, Michael/Scholtyseck, Joachim (Hrsg.): Die Führer der Provinz. NS-Biographien aus Baden und Württemberg, Konstanz 1997.

Klaveren, Jacob van: Korruption, in: Handwörterbuch zur deutschen Rechtsgeschichte, Berlin 1978.

Knopf, Volker/Martens, Stefan: Görings Reich. Selbstinszenierungen in Carinhall, Berlin 1999.

Koch, Peter-Ferdinand: Die Geldgeschäfte der SS. Wie deutsche Banken den schwarzen Terror finanzierten, Hamburg 2000.

ders. (Hrsg.): Die Dresdner Bank und der Reichsführer-SS, Hamburg 1987.

ders. (Hrsg,): Die Tagebücher des Doktor Joseph Goebbels. Geschichte und Vermarktung, Hamburg und München 1988.

Kogon, Eugen: Der SS-Staat. Das System der deutschen Konzentrationslager, Frankfurt am Main 1948.

Kopper, Christopher: Zwischen Marktwirtschaft und Dirigismus. Bankenpolitik im »Dritten Reich« 1933–1939, Bonn 1995.

Kratzsch, Gerhard: Der Gauwirtschaftsapparat der NSDAP. Menschenführung-»Arisierung«- Wehrwirtschaft im Gau Westfalen-Süd, Münster 1989.

Krebs, Albert: Fritz-Dietlof Graf von der Schulenburg. Zwischen Staatsraison und Hochverrat, Hamburg 1964.

ders.: Tendenzen und Gestalten der NSDAP. Erinnerungen an die Frühzeit der Partei, Stuttgart 1959.

Krug, Karl: Die Korruption und ihre Bekämpfung, in: Deutsche Justiz, Jg. 1933, S.446 f.

Kundrus, Birthe: Kriegerfrauen. Familienpolitik und Geschlechterverhältnisse im Ersten und Zweiten Weltkrieg, Hamburg 1995.

Laak, Dirk van: Die Mitwirkenden bei der »Arisierung« Dargestellt am Beispiel der rheinisch-westfälischen lndustrieregion 1933–1940, in: Bütmer, Ursula (Hrsg.): Die Deutschen und die Judenverfolgung im Dritten Reich, Hamburg 1992, 5. 231–257.

Large, David Clay: Hitlers München. Aufstieg und Fall der Hauptstadr der Bewegung, München 1998.

Loeffler, Matthias: Das Diensttagebuch des Reichsjustizministers Gürt-net 1934 bis 1938. Eine Quelle füt die Untersuchung der »Richter-disziplinierung« während der Anfangsjahre des Nationalsozialismus, Frankfurt am Main 1997.

Longerich, Peter: Die braunen Bataillone. Geschichte der SA, München 1989.

Lotfi, Gabriele: KZ der Gestapo. Arbeitserziehungslager im Dritten Reich, Stuttgart, München 2000.

Lotz, Wolfgang: Die Deutsche Reichspost 1933–1945. Eine politische Verwaltungsgeschichte, Bd. 1, 1933–1939, Berlin 1999.

Ludwig, Cordula: Korrupfion und Nationalsozialismus in Berlin 1924–1934 (Geschichtliche Grundlagen der Politik, Bd. 1), Frankfurt am Main 1998.

Ludwig, Johannes: Boykott-Enteignung-Mord. Die »Entjudung« der deutschen Wirtschaft, Hamburg, München 1989.

Lükemann, Ulf: Der Reichsschatzmeister der NSDAP. Ein Beitrag zur inneren Parteistruktur, Berlin 1963.

Madajczyk, Czeslaw: Die Okkupationspolitik Nazideutschlands in Polen 1939–1945, Berlin 1987.

Malinowski, Stephan: Politische Skandale als Zerrspiegel der Demokra-tie. Die Fälle Barmat und Sklarek im Kalkül der Weimarer Rechten, Jahrbuch für Antisemitismusforschung, 5. Jg. 1996, S. 46–65.

Mason, Timothy W.: Arbeiterklasse und Volksgemeinschaft, Frankfurt am Main 1975.

Matzerath, Horst: Nationalsozialismus und kommunale Selbsrverwaltung, Stuttgart 1970.

Mazower, Mark: Inside Hitler's Greece. The Experience of Occupation 1941–44, New Haven und London 1993.

McKale, Donald M.: The Nazi Party Courts. Hitler's Management of Conflict in his Movement 1921–1945, Lawrence, Manhattan, Wichita 1974.

Menne, Leo: Korruption, Kölner Zeitschrift für Soziologie 1 (1948149), 144–188.

Merkl, Peter: Political Violence under the Swastika. 581 early Nazis, Princeton 1975.

Meyer, Beate: »Jüdische Mischlinge«. Rassenpolitik und Verfolgungserfahrung 1933–1945 (Studien zur jüdischen Geschichte, Band 6), Hamburg 1999.

Meyer, Winfried: Unternehmen Sieben. Eine Rettungsaktion für vom Holocaust Bedrohte aus dem Amt Ausland/Abwehr im Oberkom-mando der Wehrmacht, Frankfurt am Main 1993.

Mo!l, Martin: Der Sturz alter Kämpfer. Ein neuer Zugang zur Herr-schaftsanalyse des NS-Regimes, in: Historische Mirteilungen 5 (1992), Heß 1, S. 1–51.

ders. (Hrsg.): »Führer-Erlasse« 1939–1945. Edition sämtlicher überlieferter, nicht im Reichsgesetzblatt abgedruckter, von Hitler während des Zweiten Weltkrieges schriftlich erteilter Direktiven aus den Bereichen Staat, Partei, Wirtschaft, Besatzungspolitik und Militärver-waltung, Stuttgart 1997.

Mommsen, Hans: Der Nationalsozialismus und die Auflösung des normativen Staatsgefüges, in: Wolfgang Luthard/Alfons Söllner (Hrsg.): Verfassungsstaat, Souveränität, Pluralismus. Otto Kirchheimer zum Gedächmis, Opladen 1989, S. 67–75.

ders.: Ein Erlaß Himmlers zur Bekämpfung der Korruption in der inne-ten Verwaltung, VierteljahrsHeße für Zeitgeschichte 16 (1968), S. 295–309.

ders.: Nationalsozialismus, in: Claus D. Kernig (Hrsg.), Sowjetsystem und demokratische Gesellschaft, Bd. 4, Freiburg 1971, Sp. 695 bis 713.

Morgen, Konrad: Der Korruptionsverbrecher, in: Kriminalistik. Monatshefte für die gesamte kriminalistische Wissenschaft und Praxis, 17. Jg., Heß 12/1943, S. 117–119.

Musial, Bogdan: Deutsche Zivilverwaltung und Judenverfolgung im Generalgouvemement. Eine Fallstudie zum Distrikt Lublin 1939 bis 1944, Wiesbaden 1999.

Naasner, Walter: Neue Machtzentren in der deutschen Kriegswirtschaft. Die Wirtschaftsorganisation der SS, das Ami des Generalbevollmächtigten für den Arbeitseinsatz und das Reichsministerium für Bewaffnung und Munition/ Reichsministerium für Rüstung und Kriegsproduktion im nationalsozialistiscben Herrschaftssystem, Boppard am Rhein 1994.

Naujoks, Harry: Mein Leben im KZ Sachsenhausen 1936–1942. Erinnerungen des ehemaligen Lagerältesten, Köln 1987.

Die Nazikorruption in Hamburg. Erster Bericht des von der Bürgerschaft am 8. März 1946 niedergesetzten Ausschusses zur Prüfung des Antrages der sozialdemokratischen Fraktion betreffend Untersuchung nationalsozialistischer Korruptionsfälle, Hamburg 1946.

Noakes, Jeremy: Philipp Bouhler und die Kanzlei des Ftihrers der NSDAP. Beispiel einer Sonderverwaltung im Dritten Reich, in: Dieter Rebentisch/Karl Teppe (Hrsg.): Verwaltung contra Menschenführung im Staat Hiders. Studien zum politisch administrativen System, Göttingen 1986, S. 208–236.

ders.: The Nazi Parry and the Third Reich. The Myth and Reality of the One-Party State, in: ders. (Hrsg.): Government, Party and People in Nazi Germany, 2. Aufl., Exeter 1981, S. 11–33.

Orth, Karin: Das System der nationalsozialistischen Konzentrationslager. Eine politische Organisationsgeschichte, Hamburg 1999.

dies.: Die »Konzentrationslager SS«. Sozialstrukturelle Analysen und biographische Studien ejner nationalsozialistischen Funktionselite, Phil. Diss., Hamburg 1997

Padover, Saul K.: Lügendetektor. Vernehmungen im besiegten Deutschland 1944/43, Frankfurt am Main 1999.

Petropoulos, Jonathan: Kunstraub und Sammelwahn. Kunst und Politik im Dritten Reich, Berlin 1999.

Pohl, Dieter: Die Ermordung der Juden im Generalgouvernement, in: Ulrich Herbert (Hrsg.): Nationalsozialistische Vernichtungspolitik 1939–1945. Neuere Forschungen und Kontroversen, Frankfurt am Main 1998, S. 98–121.

ders.: Nationalsozialistische Judenverfolgung in Ostgalizien. Organisation und Durchführung eines staatlichen Massenverbrechens, München 1996.

Der Prozeß gegen die Hanptkriegsverbrecher vor dcm Internationalen Militärgerichtshof, 42 Bde., Nürnberg 1947–1949.

Prinz, Michael/Zitelmann, Ruiner (Hrsg.), Nationalsozialismus und Modernisierung, Darmstadt 1991.

Radtke-Delacor, Anne: Die wirtschaftlicben Aktivitäten Alfred Toepfers in Frankreich 1943/44: Die Firma Stahlberg & Co. (Hamburg/Paris), unveröff. Ms., 1999.

Rebentisch, Dieter: Führerstaat und Verwaltung im Zweiten Weltkrieg, Stuttgart 1989.

Reich-Ranicki, Marcel: Mein Leben, Stuttgart 1999.

Reichmann, Hans: Deutscher Bürger und verfolgter Jude. Novemberpogrom und KZ Sachsenhausen 1937 bis 1939, bearb, von Michael Wildt (Biographische Quellen zur Zeitgeschichte, Bd. 21), München 1998.

Reichskanzlei (Hrsg.): Reden des Führers 1933–1936, o. O., o.J.

Rückerl, Adalbert (Hrsg.): Nationalsozialistische Vemichtungslager im Spiegel deutscher Strafprozesse. Belzec, Sobibor, Treblinka, Chelm-no, 2. Aufl., München 1978.

Sandkiihler, Thomas: »Endlösung« in Galizien. Der Judenmord in Ostpolen und die Rettungsinitiativen von Berthold Beitz 1941–1944, Bonn 1996.

Scheffier, Wolfgang: Zur Praxis der SS-und Polizeigerichtsbarkeit im Dritten Reich, in: Klassenjustiz und Pluralismus. Festschrift für Ernst Fraenkel zum 75. Geburtstag, Hamburg 1973, S. 224–236.

Schenk, Dieter: Hitlers Mann in Danzig. Gauleiter Forster und die NS-Verbrechen in Danzig-Westpreußen, Bonn 2000.

Schirach, Henriette yon: Der Preis der Herrlichkeit. Erlebte Zeitgeschichte, München, Berlin 1975.

Schlösser, Susanne: »Was sich in den Weg stellt, mit Vernichtung schlagen«. Richard Drauz, NSDAP-Kreisleiter von Heilbronn, in: Michae Kißener/Joachim Scholtyseck (Hrsg.), Die Führer der Provinz. NS-Biographien aus Baden und Württemberg,

Konstanz 1994, S. 143 bis 159.

Schmidt, Christoph: Zu den Motiven »alter Kämpfer« in der NSDAP, in: Detlev Peukert/Jürgen Reulecke (Hrsg.), Die Reihen fast geschlossen. Beiträge zur Geschichte des AIltags unterm Nationalsozialismus, Wuppertal 1981, S. 21–43.

Schmidt, Monika: Arisierungspolitik des Bezirksamtes, in: Metzger, Karl-Heinz u.a. (Hrsg.), Kommunalverwaltung unterm Haken-kreuz. Berlin-Wilmersdorf 1933–1945, Berlin 1992, S. 169–228.

Schuller, Wolfgang: Probleme historischer Korruptionsforschung, Der Staat 16 (1977), S. 372–392.

Schwarz, Gudrun: Eine Frau an seiner Seite. Ehefrauen in der »SS-Sippengemeinschaft, Hamburg 1997.

Segev, Tom: Die Soldaten des Bösen. Zur Geschichte der KZ-Kommandanten, Reinbek 1992.

Selig, Wolfram: Vom Boykott zur Arisierung. Die »Entjudung« der Wirtschaft in München, in: Mensing, Björn/Prinz, Friedrich (Hrsg.): Irrlicht im leuchtenden München? Der Nationalsozialismus in der »Hauptstadt der Bewegung«, Regensburg 1991, S. 178–202.

Seydelmann, Gertrud: Gefährdete Balance. Ein Leben in Hamburg 1936–1945, Hamburg 1996.

Smelser, Ronald: Robert Ley. Hitlers Mann an der »Arbeitsfront«. Eine Biographie, Paderborn 1989.

Sofsky, Wolfgang: Die Ordnung des Terrors: Das Konzentrationslager, Frankfurt am Main 1997.

Speer, Albert: Erinnerungen, Frankfurt am Main/Berlin 1969.

ders.: »Alles, was ich weiß«. Aus unbekannten Geheimdienstprotokollen vom Sommer 1945, hrsg. von Ulrich Schlie, München 1999.

Stein, Harry: Juden in Buchenwald 1937–1942, Weimar 1992.

Strasser, Gregor: Kampf um Deutschland. Reden und Aufsätze eines Nationalsozialisten, Mfinchen 1932.

Strauss, Herbert A.: Über dem Abgrund. Eine jüdische Jugend in Deutschland 1918–1943, Frankfurt am Main/New York 1997.

Tec, Nechama: Eine Art Leben. Eine jüdische Kindheit im besetzten Polen, Hamburg 1998.

Trunk, Isaiah: Judenrat. The Jewish Councils in Eastern Europe under Nazi Occupation, New York 1972.

Tuchel, Johannes: Konzentrationslager. Organisationsgeschichte und Funktion der »Inspektion der Konzentrationslager« 1934–1938, Boppard am Rhein 1991.

Ueberschär, Gerd R./Vogel, Winfried: Dienen und Verdienen. Hitlers Geschenke an seine Eliten, Frankfurt am Main 1999.

Umbreit, Hans, Die Deutsche Herrschaft in den besetzten Gebieten 1942–194.5,

in: Das Deutsche Reich und der Zweite Weltkrieg, Band 512, hrsg. vom Militärgeschichtlichen Forschungsamt, Stuttgart 1999, S. 3–272.

Vogelsang, Reinhard: Der Freundeskreis Himmler, Göttingen 1972.

Vorländer, Herwart: Die NSV. Darstellung und Dokumentation einer nationalsozialistischen Organisation, Boppard am Rhein 1988.

Vries, Willem de: Sonderstab Musik. Organisierte Plünderungen in Westeuropa 1940–1945, Köln 1998.

Walde, Wendel vorm: Die Gladbecker Gemeindeorgane 1933–1939, Ve-stische Zeitschrift, Bd. 84/85 (1985/86), S. 187–239.

Walden, Hans: Untersuchungen zur Geschichte des Duvenstedter Brooks, Hamburg 1985.

Weckbecker, Arno: Die Judenverfolgung in Heidelberg 1933–1945, Heidelberg 1985.

Weckbecker, Gert: Zwischen Freispruch und Todesstrafe. Die Rechtsprechung der nationalsozialistischen Sondergerichte Frankfurt/Main und Bromberg, Baden-Baden 1998.

Weinert, Rainer: »Die Sauberkeit der Verwaltung im Kriege«. Der Rechnungshof des Deutschen Reiches 1938–1946, Opladen 1993.

Wewer, Göttrik: Korruption, in: Dieter Nohlen (Hrsg.), Wörterbuch Staat und Politik, 2. Aufiage, München 1995.

Wiedemann, Fritz: Der Mann, der Feldherr werden wollte, Velbert 1964.

Wildt, Michael: Das Reichssicherheitshauptamt. Radikalisierung und Selbstradikalisierung einer Institution, in: Mittelweg 36, Heft 1/1998, S. 33–40.

Witek, Hans: »Arisierungen« in Wien. Aspekte nationalsozialistischer Enteignungspolitik 1938–1940, in: Talos, Emmerich/Hanisch, Ernst/Neugebauer, **Wolfgang (Hrsg.):** NS-Herrschaft in Osterreich 1938 bis 1945, Wien 1988, S. 199–216.

Wolff, Paul: Ohne Maske. Ein Tatsachenbericht, Hamburg 1948.

译名对照表

Adler, Hans-Günter 汉斯—京特·阿德勒
Ahrens, Georg 格奥尔格·阿伦斯
Altenberger, Wilhelm 威廉·阿尔滕贝格尔
Alvensleben, Ludolf von 鲁道夫·冯·阿尔文斯莱本
Amann, Max 马克斯·阿曼
Arendt, Hannah 汉娜·阿伦特

Backe, Herbert 赫伯特·巴克
Baeck, Leo 利奥·贝克
Bauman, Zygmunt 齐格蒙·鲍曼
Bayer, Marian 马利安·拜尔
Behr (Bürgermeister) 贝尔 (市长)
Behr, Wilhelm 威廉·贝尔
Best, Werner 维尔纳·贝斯特
Beyer, Justus 尤斯图斯·拜尔
Bittrich, Wilhelm 威廉·比特里希
Block (Polizeisekretär) 布洛克 (警察书记)
Blöcker, Otto 奥托·布勒克尔
Bogatsch, Rudolf 鲁道夫·博加齐
Böhmker, Hans 汉斯·勃姆克
Bohle, Ernst Wilhelm 恩斯特·威廉·博勒
Boltz, Werner 维尔纳·博尔茨
Boltz, Wilhelm 威廉·伯尔茨
Bormann, Martin 马丁·鲍曼
Bouhler, Philipp 菲利普·布勒
Bourdieu, Pierre 皮埃尔·布尔迪厄
Brack, Viktor 维克多·布拉克
Brandt, Rudolf 鲁道夫·布朗特
Brauchitsch, Walter von 瓦尔特·冯·勃劳希契
Brauer, Max 马克斯·布劳尔
Braun, Eva 爱娃·布劳恩
Breker, Arno 阿尔诺·布雷克尔
Brinkmann, Paul A. 保罗·A. 布

林克曼
Brückner, Wilhelm. 威廉・布吕克纳
Buch, Walter 瓦尔特・布赫
Buchheim, Hans 汉斯・布赫海姆
Bücherl, Josef 约瑟夫・比歇尔
Bühler, Josef 约瑟夫・比勒
Bürckel, Josef 约瑟夫・比克尔
Burchard-Motz, Wilhelm 威廉・布尔夏德—莫茨

Czartoryska (Familie) 恰尔托雷斯基 (家族)

Daluege, Kurt 库尔特・达吕格
Darré, Richard Walter 理夏德・瓦尔特・达雷
Dietrich, Sepp (Joseph) 赛普 (约瑟夫)・迪特里希
Dohnanyi, Hans von 汉斯・冯・多纳尼
Dorn, Fritz 弗里茨・多恩
Drauz, Richard 理夏德・德劳茨
Dürrig 狄里希
Düwel, Wilhelm 威廉・迪韦尔
Duncker, Herbert 赫伯特・东克尔

Eckardt, Karl 卡尔・艾卡特
Eckhoff, Kurt 库尔特・埃克霍夫
Eicke, Theodor 特奥多尔・艾克
Eidenschink, Georg 格奥尔格・艾登申克
Eiffe, Peter Ernst 彼得・恩斯特・艾菲尔
Ellerhusen, Paul 保罗・埃勒胡森
Epp, Franz Xaver Ritter von 弗朗茨・克萨韦尔・艾普骑士
Esch, Erich 埃里希・埃施
Eschenburg, Theodor 特奥多尔・埃申堡
Esser, Hermann 赫尔曼・埃塞尔

Fest, Joachim 约阿希姆・费斯特
Fiebelkorn, Adolf 阿道夫・菲贝尔科恩
Fiehler, Gerhard 格哈德・菲勒尔
Fischböck, Hans 汉斯・菲施比克
Fischer, Ludwig 路德维希・菲舍尔
Florian, Friedrich Karl 弗里德里希・卡尔・弗洛里安
Forster, Albert 阿尔伯特・福斯特
Frank, Hans 汉斯・弗兰克
Freisler, Oswald 奥斯瓦尔德・弗赖斯勒
Freisler, Roland 罗兰・弗赖斯勒
Frick, Wilhelm 威廉・弗里克
Fricke, Kurt 库尔特・弗里克尔
Friedländer, Saul 绍尔・弗里德伦德尔
Friedrichs, Helmuth 赫尔穆特・弗雷德里克斯
Funk, Walther 瓦尔特・丰克
Funk (Amtsgerichtstrat) 丰克 (地

方法官)

Fust, Herbert 赫伯特·富斯特

Garbaty, Eugen 欧根·加尔巴蒂

Garbaty, Moritz 莫里茨·加尔巴蒂

Geiger, Theodor 特奥多尔·盖格尔

Geist, Raymond H. 雷蒙德·H. 盖斯特

Gerlach, Christian 克里斯蒂安·格拉赫

Goebbels, Joseph 约瑟夫·戈培尔

Goerdeler, Carl 卡尔·格德勒

Göring, Hermann 赫尔曼·戈林

Göttsche, Claus 克劳斯·格特舍

Goltz, Graf Rüdiger von der 吕迪格·冯·德·戈尔茨伯爵

Graetz, Franz 弗朗茨·格雷茨

Greifelt, Ulrich 乌尔里希·格赖菲尔特

Greiser, Arthur 阿图尔·格赖泽尔

Grimm, Friedrich 弗里德里希·格林

Grohé, Josef 约瑟夫·格罗厄

Grolmann, Wilhlem von 威廉·冯·格罗尔曼

Gross, Jan T. 简·T. 格罗斯

Grützner, Hans 汉斯·格吕茨纳

Guderian, Heinz 海因茨·古德里安

Gürtner, Franz 弗朗茨·居特纳

Haehnelt, Wilhlem 威廉·黑内尔特

Haffner, Sebastian 塞巴斯蒂安·哈夫纳

Hau (Oberbaurat) 豪 (高级建筑顾问)

Heim, Heinrich 海因里希·海姆

Heinz (SS-Sturmbannführer) 海因茨 (党卫军少校)

Helldorff, Wolf Graf Heinrich von 沃尔夫·海因里希·冯·赫尔多夫伯爵

Herff, Maximilian von 马克西米利安·冯·赫夫

Hermanüssen, Wilhelm 威廉·赫尔马尼森

Herz, Charlotte 夏洛特·赫兹

Heß, Ilse 伊尔莎·赫斯

Heß, Rudolf 鲁道夫·赫斯

Heydrich, Reinhard 莱因哈特·海德里希

Hierl, Konstantin 康斯坦丁·希尔

Hilberg, Raul 劳尔·希尔贝格

Hildebrandt, Friedrich 弗里德里希·希尔德布兰特

Hilgenfeldt, Erich 埃里希·希尔根菲尔特

Himmler, Heinrich 海因里希·希姆莱

Hindenburg, Paul von 保罗·冯·

兴登堡
Hippler, Fritz 弗里茨・希普勒
Hitler, Adolf 阿道夫・希特勒
Höflich, Heinrich 海因里希・赫夫利希
Hoffmann, Heinrich 海因里希・霍夫曼
Holfeld, Günther 京特・赫尔菲尔德
Holz, Karl 卡尔・霍尔茨
Huntington, Samuel P. 塞缪尔・P. 亨廷顿

Idinger, Ignaz 伊格纳茨・伊丁格尔

Jagschitz, Gerhard 格哈德・雅戈希茨
Jakob, Artur 阿图尔・雅各布
Jamin, Mathilde 马蒂尔德・雅明
Jannings, Emil 埃米尔・杰宁斯
Janowsky, Karl 卡尔・亚诺夫斯基
Janowsky, Wilhelm 威廉・亚诺夫斯基
Jeschonnek, Hans 汉斯・耶顺内克
Joël, Günther 京特・约埃尔
Jung, Philipp Wilhelm 菲利普・威廉・荣格

Kaltenbrunner, Ernst 恩斯特・卡尔滕布伦纳
Kampe, Werner 维尔纳・坎佩
Karl, Anton 安东・卡尔
Kaufmann, Karl 卡尔・考夫曼
Keitel, Wilhelm 威廉・凯特尔
Kerrl, Hans 汉斯・凯尔
Kiehn, Fritz 弗里茨・基恩
Kiehne, Fritz 弗里茨・基纳
Kirchmeyer (Referent) 基希迈尔(犹太人事务主管)
Klaveren, Jacob van 雅各布・范克拉韦伦
Klemm, Herbert 赫伯特・克莱姆
Klopfer, Gerhard 格哈德・克洛普弗
Klug, Ulrich 乌尔里希・克卢格
Kluge, Hans-Günther 汉斯—京特・克卢格
Koch, Erich 埃里希・科赫
Koch, Karl 卡尔・科赫
Körner, Paul 保罗・克尔纳
Kogon, Eugen 欧根・科贡
Kraemer, Hans-Peter 汉斯—彼得・克雷默
Kranefuß, Fritz 弗里茨・克拉纳弗斯
Krogmann, Carl Vincent 卡尔・文森特・克罗格曼
Krüger, Friedrich Wilhelm 弗里德里希・威廉・克吕格
Krumme, Werner 维尔纳・克鲁默

Kube, Wilhelm 威廉·库贝
Künsberg, Eberhard Freiherr von 埃伯哈德·冯·君斯贝格男爵

Lahts, Max 马克斯·拉茨
Lammers, Hans Heinrich 汉斯·海因里希·拉默斯
Lange, Kurt 库尔特·朗格
Lasch, Karl 卡尔·拉施
Leeb, Wilhelm Ritter von 威廉·冯·里布骑士
Lehr, Robert 罗伯特·莱尔
Lettner (Regierungsrat) 莱特纳 (行政专员)
Ley, Robert 罗伯特·莱伊
Lillteicher, Jürgen 于尔根·里尔泰谢尔
Lindener, Kurt 库尔特·林德纳
Linhardt, Ludwig 路德维希·林哈特
Lippert, Julius 尤利乌斯·利珀特
Lorenz, Walter 瓦尔特·洛伦茨
Lorenz, Werner 维尔纳·洛伦茨
Loritz, Hans 汉斯·洛里茨
Luber, Georg 格奥尔格·卢博
Ludwig, Alfred 阿尔弗雷德·路德维希
Ludwig, Cordula 科尔杜拉·路德维希
Luther, Martin 马丁·路德
Lutze, Viktor 维克多·卢策

Mähler, Richard 理夏德·梅勒
Mahlmeister, Alexander 亚历山大·马尔迈斯特
Martin, Benno 本诺·马丁
Mason, Timothy 蒂莫西·梅森
Meißner, Otto 奥托·迈斯纳
Menne, Leo 利奥·梅内
Merkl, Peter 彼得·默克尔
Meyer, Alfred 阿尔弗雷德·迈尔
Mühlmann, Kajetan 卡耶坦·米尔曼
Moll, Martin 马丁·莫尔
Mommsen, Hans 汉斯·蒙森
Morgen, Konrad 康拉德·摩根
Moser, Walter 瓦尔特·莫泽
Müller (Direktor) 米勒 (领导人)
Müller, Heinrich 海因里希·米勒
Mugler, Franz 弗朗茨·穆格勒
Murr, Wilhelm 威廉·穆尔

Nacher, Ignaz 伊格纳茨·纳赫
Naumann, Werner 维尔纳·瑙曼
Noack, Richard 理夏德·诺阿克
Nöthling, August 奥古斯特·内特林
Nolzen, Armin 阿尔敏·诺尔岑

Ohnesorge, Wilhelm 威廉·奥内佐格
Orth, Karin 卡琳·奥尔特

Padover, Saul K. 索尔·K. 帕多弗

Peperkorn, Max 马克斯·佩波考恩

Peschak (Kreisleiter) 佩沙克 (县级机关领导人)

Petropoulos, Jonathan 乔纳森·彼得罗普洛斯

Pfundtner, Hans 汉斯·普丰特纳

Piorkowski, Alex 阿历克斯·皮奥尔科夫斯基

Plaut, Max 马克斯·普劳特

Pohl, Oswald 奥斯瓦尔德·波尔

Porten, Henny 汉妮·波滕

Pretzel, Raimund *siehe*, Haffner, Sebastian 雷蒙德·普雷策尔，见塞巴斯蒂安·哈夫纳

Protze, Karl 卡尔·普罗策

Prüfer, Franz 弗朗茨·普吕弗

Prützmann, Hans-Adolf 汉斯—阿道夫·普吕茨曼

Raeder, Erich 埃里希·雷德尔

Rainer, Friedrich 弗里德里希·赖纳

Rath, Ernst vom 恩斯特·冯·拉特

Rattenhuber, Hans 汉斯·拉滕胡贝尔

Rebitzky, Helmut 赫尔穆特·雷比茨基

Reemtsma, Philipp Fürchtegott 菲利普·菲希特戈特·雷姆茨马

Reich, Otto 奥托·赖希

Reichmann, Hans 汉斯·赖希曼

Reichmeister, Dieter von 迪特尔·冯·莱希迈斯特

Reinecke, Günter 京特·赖内克

Reiner, Alexander 亚历山大·赖纳

Reinhardt, Fritz 弗里茨·莱因哈特

Reinhardt, Max 马克斯·莱因哈特

Remitz, Baron Gustav 古斯塔夫·雷米茨伯爵

Ribbentrop, Joachim von 约阿希姆·冯·里宾特洛甫

Richter, Benno 本诺·里希特

Ried, Hermann 赫尔曼·里德

Rissel 里赛尔

Rohrbach, Rudolf 鲁道夫·罗尔巴赫

Rosencrantz, Helmuth 赫尔穆特·罗森克兰茨

Rüsch, Karl 卡尔·吕施

Rust, Bernhard 伯恩哈德·鲁斯特

Sauckel, Fritz 弗里茨·绍克尔

Sauthmann, Karl 卡尔·绍特曼

Schallert, Willibald 维利巴尔德·沙勒特

Schaub, Julius 尤利乌斯·绍布

Scheel, Gustav Adolf 古斯塔夫·阿道夫·谢尔

Scheiermann (Direktor) 沙伊尔曼(经理)
Schemm, Hans 汉斯·谢穆
Schirach, Baldur von 巴尔杜尔·冯·席拉赫
Schirach, Henriette von 亨丽埃特·冯·席拉赫
Schlabrendorff, Fabian von 法比安·冯·施拉布伦多夫
Schlegelberger, Franz 弗朗茨·施勒格贝格尔
Schmeller, Max 马克斯·施梅勒
Schmid, Carl Christian Friedrich 卡尔·克里斯蒂安·弗里德里希·施密特
Schmidt, Christoph 克里斯托弗·施密特
Schmitt, Kurt 库尔特·施密特
Schmitt, Wilhelm 威廉·施密特
Schöner, Paul 保罗·舍纳
Schröder, Kurt Freiherr von 库尔特·冯·施罗德男爵
Schröder, Walther 瓦尔特·施罗德
Schrott, Ludwig 路德维希·施罗特
Schülbe, Otto 奥托·舒尔伯
Schulenburg, Fritz-Dietlof Graf von der 弗里茨—迪特罗夫·冯·德·舒伦堡
Schuller, Wolfgang 沃尔夫冈·舒勒
Schulz, Herbert 赫伯特·舒尔茨
Schulz, Karl 卡尔·舒尔茨
Schwarz, Franz Xaver 弗朗茨·克萨韦尔·施瓦茨
Schwarzenbrunner 施瓦岑布伦纳
Schwerin von Krosigk, Lutz 鲁茨·什未林·冯·克罗西克
Schwidewsky, Berthold John 贝托尔德·约翰·施维德斯基
Seyß-Inquart, Artur 阿图尔·赛斯—英夸特
Siebert, Ludwig 路德维希·西伯特
Sieh, Wilhelm 威廉·西
Smelser, Ronald 罗纳尔德·斯迈尔泽
Sofsky, Wolfgang 沃尔夫冈·索夫斯基
Sonnemann, Emmy 埃米·松内曼
Speer, Albert 阿尔伯特·施佩尔
Spiewok, Karl 卡尔·施皮沃克
Sprenger, Jakob 雅各布·施普伦格
Stabenow, Kurt 库尔特·施塔贝诺
Staege, Georg 格奥尔格·施特格
Stanik, Friedrich 弗里德里希·施塔尼克
Stegemann, Hermann 赫尔曼·施特格曼
Stengel, Emil 埃米尔·施腾格尔
Strasser, Gregor 格雷戈尔·施特

拉塞尔
Strauss, Erika 艾丽卡·施特劳斯
Streckenbach, Bruno 布鲁诺·施特赖肯巴赫
Streicher, Julius 尤利乌斯·施特莱彻
Stuckart, Wilhelm 威廉·施图卡特
Stübs, Gerhard 格哈德·施蒂比斯

Tamaschke, Günther 京特·塔马希克
Tegeler, Wilhelm 威廉·特格勒
Terboven, Josef 约瑟夫·特博文
Thierack, Otto Georg 奥托·格奥尔格·狄拉克
Thomas, Max 马克斯·托马斯
Thorak, Josef 约瑟夫·图拉克
Todt, Fritz 弗里茨·托特
Trunk, Isaiah 以赛亚·特伦克

Veltjens, Joseph 约瑟夫·维尔秦斯
Vöge, Waldemar 瓦尔德玛·弗格

Wachholz 瓦赫霍尔茨
Wächter, Werner 维尔纳·韦希特尔
Wagener, Otto 奥托·瓦格纳
Wagenführ, Hans 汉斯·瓦根菲尔
Wagner, Joseph 约瑟夫·瓦格纳
Wagner, Robert 罗伯特·瓦格纳
Waldeck-Pyrmont, Josias Georg Wilhelm Adolf Erbprinz zu 瓦尔德克—皮尔蒙特世子约西亚斯·格奥尔格·威廉·阿道夫
Weber, Christian 克里斯蒂安·韦伯
Weber, Max 马克斯·韦伯
Wegner, Hans 汉斯·魏格纳
Weinert, Rainer 赖纳·韦纳特
Weinrich, Karl 卡尔·魏因里希
Weiß, Emil 埃米尔·魏斯
Weitzel, Fritz 弗里茨·魏策尔
Werner, Ferdinand 斐迪南·维尔纳
Wiedemann, Fritz 弗里茨·维德曼
Wolff, Karl 卡尔·沃尔夫
Wolff, Paul 保罗·沃尔夫
Wulff, Erich 埃里希·武尔夫
Wulff, Ernst 恩斯特·武尔夫